생활속 범죄예방 강의와 실용호신술

정균근·김한중·조봉오·최수호 공저

생활속 범죄예방 강의와 실용호신술

초판인쇄 2015년 7월 6일
초판발행 2015년 7월 10일
발 행 인 민유정
발 행 처 대경북스
ISBN 978-89-5676-546-4

이 책은 저작권법에 따라 보호받는 저작물이므로 무단전재와 무단복제를 금지하며,
이 책 내용의 전부 또는 일부를 이용하려면 반드시 저작권자와 대경북스의 서면 동의를 받아야 합니다.

등록번호 제 1-1003호
서울시 강동구 천중로42길 45(길동 379-15) 2F
전화: (02)485-1988, 485-2586~87 · 팩스: (02)485-1488
e-mail: dkbooks@chol.com · http://www.dkbooks.co.kr

머리말

최근에 "사람이 삶을 영위하는 이유는 무엇일까?"라는 의문을 갖게 되었습니다. "왜 많은 사람들이 아침부터 그렇게 바쁘게 사는 것일까?" 아마도 그것은 행복을 위해서 일 것입니다. 행복하고 즐겁게 살기 위해 사람들은 그렇게 바쁜 삶을 살 것입니다.

하지만 최근 우리 주변에서 일어나고 있는 각종 사건·사고를 보면 범죄피해는 자신은 물론 남아 있는 가족들에게 평생 트라우마에 빠져 사는 고통을 주고 있으며, 씻을 수 없는 상처를 주고 있습니다.

이에 정부에서는 범죄예방을 위한 제도·시설 등을 많이 만들어 시행하고 있지만, 홍보부족과 일부 무관심으로 일반인들이 알지 못하는 경우가 많습니다. 특히 주변에서 일어나고 있는 범죄에 대한 정확한 법적 개념조차 모르는 사람들이 많아 필자들은 안타까움을 느꼈습니다.

존경하는 정균근·김한중·조봉오·최수호님과 함께 사회안전을 위한 내용을 담아 교육기관 및 일반인 누구에게나 꼭 필요한 안전가이드 책자를 출간하기로 오래 전에 약속하였습니다. 평소 안타깝게 느꼈던 것들을 일반인들에게 알려주기 위하여 '범죄예방을 위한 법률·제도와 시설' 등을 소개하고, 주변에서 발생하고 있는 폭행·성범죄 등의 개념을 형법적으로 정확히 소개하여 국민 모두의 안전은 물론 사회안녕을 위하여 이 책을 집필하게 되었습니다.

일선 현장에서 문의가 많은 부분은 '질문', '답변' 코너에서 문답 형식으로 서술했으며, 현재 경찰에서 시행하고 있는 제도 등은 '잠깐만요'라는 코너에서 소개와 설명을 하였고, 죄명의 개념부분은 신뢰성을 위해 각주로 처리하여 보충하였고, 판례는 대법원 판례번호를 기재하여 근거를 제시하였습니다.

이어 뒤에 이어지는 실용호신술은 현재 서울지방경찰청 무도위원이시고, 대학에서 강의 경험이 있는 대한용무도협회 연구위원장 정균근 박사님이 집필하여 책이 구성되도록 하였습니다.

이 책은 현직경찰, 대학의 무도·경찰·경호·행정학과 학생들뿐만 아니라 범죄예방에 관심이 있으신 일반인 등을 대상으로 집필하였는 바, 많은 분들에게 이 책이 도움이 되어 안전한 사회가 되기를 바라는 마음입니다.

끝으로 이 책이 출간되기까지 감수를 맡아주신 김정호 총장님과 정균근, 김한중, 조봉오, 최수호 저자님들과 자문에 응해주신 김기환 선생님, 선·후배, 동료경찰, 무도지도자 여러분, 그리고 촬영에 협조해준 정재섭·정광균·신중현·김유미 제자, 임수훈 선생님, 서울지방경찰청 무도지도관 반종진 교수님과 오랜 친구 정기근님, 대경북스 민유정 사장님과 김영대 전무님과 편집부 직원들에게 감사드립니다.

또한 평생 자식밖에 모르시며 살아오신 존경하는 부모님과 가족들에게 깊은 감사를 드립니다.

2015년 5월 서재에서

저자 씀

차 례

Part 1. 범죄예방을 위한 법률·제도와 시설

Ⅰ. 폭행의 개념에 대하여 ………………………… 15
Ⅱ. 정당방위에 대하여 …………………………… 17
Ⅲ. 가정폭력과 처리절차에 대하여 ……………… 23
Ⅳ. 성폭력에 대하여 ……………………………… 27
Ⅴ. 학교폭력에 대하여 …………………………… 29
Ⅵ. 아동학대범죄에 대하여 ……………………… 33

2 Part 실용호신술

1장 기본 발차기

1) 앞차기 …………………………………………………… 44
2) 옆차기 …………………………………………………… 45
3) 돌려차기 ………………………………………………… 46
4) 뒤차기 …………………………………………………… 47
5) 뒤돌려차기 ……………………………………………… 48
6) 앉아 뒤돌려차기 ………………………………………… 49
7) 안다리 차 넣기(상대가 잡거나 안았을 때) ………………… 50
8) 뒤꿈치 차 들이기(상대가 잡거나 안았을 때) ……………… 51
9) 무릎차기(상대가 잡거나 안았을 때) ……………………… 52
10) 뒤꿈치 차 내기(상대가 잡거나 안았을 때) ……………… 53

CONTENTS

2장 기본낙법

1) 무릎대고 전방낙법(기초 1단계)(앞으로 떨어지거나 넘어질 때 안전하게 착지하는 방법) … 56
2) 쪼그려앉아서 전방낙법(2단계) ………………………………………………………… 57
3) 서서 전방낙법(3단계)(3단계까지 수련이 되면 양쪽 무릎이 가슴까지 닿도록 점프하여 낙법을 할 수 있도록 수련의 강도를 높여간다) ……………………………………… 58
4) 앉아서 후방낙법(1단계) …………………………………………………………………… 59
5) 쪼그려앉아서 후방낙법(2단계)(점차적으로 높이를 높여가며 낙법을 수련한다) …… 60
6) 서서 후방낙법(3단계)(3단계 이후 수련은 점프를 하여 높게 후방낙법을 할 수 있도록 수련한다) … 61
7) 쪼그려앉아서 측방낙법(1단계)(1단계 이전에 바닥에 누워서 좌·우 측방낙법자세(사진03)를 연습한다) ……………………………………………………………………… 62
8) 서서 측방낙방(2단계)(좌·우 양쪽을 함께 수련하며, 2단계 이후에는 점프를 하여 높이를 조절하여 수련한다) ……………………………………………………… 63
9) 전방 회전낙법(전방 회전낙법이 수련되면 공중 회전낙법, 높이·멀리뛰어 사진 03과 같은 자세로 낙법을 펼칠 수 있다 이외에 앞굴러치기와 뒤굴러치기가 있다) ……………… 64

3장 상대에게 잡힌 손 빼기

1) 손목 바깥쪽을 잡았을 때 ………………………………………………………………… 66
2) 손목 안쪽을 잡았을 때 …………………………………………………………………… 67
3) 두 손으로 한 손목을 잡았을 때 ………………………………………………………… 68
4) 두 손으로 양손목을 잡았을 때 ………………………………………………………… 69

CONTENTS

4장 주먹으로 복부나 얼굴을 가격할 때 막고 치기

1) 상대의 주먹이 복부를 공격할 때-막기 1 ·············· 72
2) 상대의 주먹이 복부를 공격할 때-막기 2 ·············· 73
3) 상대의 주먹이 얼굴을 공격할 때-막기 3 ·············· 74
4) 상대의 주먹이 얼굴을 공격할 때-막기 4 ·············· 75
5) 왼팔로 밀어내 막고 치기 ································· 76
6) 복부치기 ·· 77
7) 눌러막고 앞면치기 ·· 78

8

5장 상대가 주먹 또는 단도로 복부를 공격할 때

1) 안돌아꺾기(안 : 복부쪽을 의미한다) ·················· 80
2) 바깥돌아꺾기(바깥 : 등쪽을 의미한다) ················ 81
3) 겨드랑이껴 눌러 팔꿈치꺾기 ···························· 82
4) 팔꿈치눌러 꺾기 ··· 83
5) 손바닥뒤집어 꺾기 1 ····································· 84
6) 손바닥뒤집어 꺾기 2 ····································· 86
7) 팔감아 팔꿈관절꺾기 ····································· 88
8) 지레의 원리를 이용하여 팔꿈관절꺾기 ··············· 89
9) 손목세워 손목꺾기 ·· 90
10) 손날비틀어 꺾기 ··· 91

CONTENTS

6장 주먹으로 얼굴을 공격할 때

1) 안돌아꺾기 ·· 94
2) 팔꿈관절꺾기 ······································ 96
3) 손날세워 꺾기 ···································· 98
4) 바깥돌아 꺾기 ···································· 99
5) 팔밀어 팔꿈눌러 꺾기 ···················· 100
6) 손바닥비틀어 꺾기 ·························· 102
7) 서서 조르기 ······································ 104
8) 외십자조르기 ···································· 106
9) 죽지걸어 조르기 ······························ 108
10) 안뒤축걸어 메치고 발목꺾기 ········ 109
11) 바깥다리걸어 메치기 ···················· 110
12) 호미걸어 메치기 ···························· 112
13) 한팔업어 메치기 ···························· 114
14) 허리껴 메치기 ································ 116
15) 허리후려 메치기 ···························· 118
16) 허벅다리걸어 메치기 ···················· 120
17) 목감아 메치기 ································ 122
18) 발목받쳐 메치기 ···························· 124
19) 배대뒤집기 ······································ 126

CONTENTS

 **7장 돌려차기로 공격할 때**

1) 하단돌려차기 ·· 130
2) 팔꿈치로 대퇴부찍기 ·· 131
3) 무릎차기 ··· 132
4) 무릎관절 4자 꺾기 ··· 133
5) 발목꺾기 ··· 134

 **8장 상대방이 손목 바깥쪽을 잡았을 때**

1) 손아귀로 상대의 목치기 ·· 138
2) 팔꿈치로 명치를 쳐 올리기 ··· 139
3) 무릎으로 복부를 찬다 ·· 140
4) 겨드랑이 껴 꺾기 ··· 141
5) 손날세워 손목꺾기 ··· 142
6) 바깥다리걸어 메치기 ·· 144

CONTENTS

9장 상대방에게 잡혔을 때

1) 손목 바깥쪽을 잡았을 때-손목 안으로 틀어 꺾기 ·········· 148
2) 팔꿈치 바깥쪽을 잡았을 때-손목세워 꺾기 ················· 150
3) 어깨 바깥쪽을 잡았을 때-손목세워 꺾기 ···················· 152
4) 뒷덜미를 잡았을 때-허리꺾기 ································· 153
5) 멱살을 잡았을 때-멱살뿌리치기 ······························ 154
6) 멱살을 잡았을 때-겨드랑이껴 눌러 꺾기 ··················· 155
7) 멱살을 틀어 올려 잡았을 때 ···································· 156
8) 벨트 위로 잡았을 때-손날세워 꺾기 ························· 157
9) 상대가 뒤에서 뒷덜미를 잡았을 때-팔꿉관절꺾기 ········ 158
10) 뒤에서 양쪽 팔꿈치를 잡았을 때 ····························· 159
11) 뒤에서 양쪽 어깨를 잡았을 때 ································ 160
12) 뒤에서 양쪽 손목을 잡았을 때 ································ 162
13) 손목을 엇갈려 잡았을 때-팔꿈치로 상대의 옆구리치기 ·········· 164
14) 양손으로 앞에서 한 손목을 잡았을 때-안돌아꺾기 ·········· 166

10장 상대가 칼로 배를 찌르려 할 때

1) 바깥다리걸어 메치기 ··· 170
2) 호미걸어 메치기 ·· 172
3) 허리껴 메치기 ··· 174
4) 어깨걸어 메치기 ·· 176
5) 한팔 업어 메치기 ·· 178

참고문헌 ·· 181

범죄예방을 위한 법률·제도와 시설

범죄예방을 위한 법률·제도와 시설

I. 폭행의 개념에 대하여

일선 현장에서는 폭행이란 그냥 타인을 때리는 것이라고 막연하게 아는 분들이 많습니다. 이번 기회에 이 책의 독자들은 폭행이란 무엇인지를 알아두시기 바랍니다.

폭행의 개념에 대하여는 우리 형법 제260조에 규정되어 있습니다. "폭행은 무엇이냐?" 타인의 신체에 대하여 유형력을 행사하는 것입니다.

일선에 있어 보면 일반인들이 사건으로 찾아와서 "대화 중 언어폭행을 당했으니 폭행이 아니냐?" 하는 경우가 있습니다. 물론 언어폭행도 반복적으로 이루어지면 폭행이 된다는 판례가 있습니다만, 일반적으로는 폭행으로 볼 수 없습니다.

왜냐하면 우리 형법 제260조에 규정된 폭행은 협의의 폭행이라고 해서 사람의 신체에 대한 직접적·간접적인 유형력의 행사로 규정되어 있습니다.[1] 그러므로 신체에 대한 직접적·간접적인 유형력의 행사가 아니면 우리 형법 제260조의 폭행죄로는 처벌할 수 없습니다. 다만 욕설의 경우에는 모욕죄를 고려해 볼 수 있습니다.

(질문) 선생님, 우리 형법의 규정은 협의의 폭행이라고 하셨는데, 무슨 다른 폭행도 있나요? 무슨 말인지요?
(답변) 예, 제가 설명 드리겠습니다.

우리 형법상 폭행에는 4가지 개념이 있습니다.[2]

최광의의 폭행, 광의의 폭행, 협의의 폭행, 최협의의 폭행 이렇게 4가지인데, 범죄마다 폭행의 정도가 다릅니다.

자세히 설명하면 다음과 같습니다.

---

1) 조충환, 양건. 스파형법. 39면.
2) 조충환, 양건. 스파형법. 39면.

1. 최광의의 폭행은 아주 넓은 개념의 폭행입니다.
   사람이나 물건을 가리지 않고 행사하는 일체의 유형력을 말합니다.
   해당범죄는 내란죄, 소요죄, 다중불해산죄가 있습니다. 한마디로 좀 시끄러운 범죄들이지요.
2. 광의의 폭행은 최광의의 폭행에서 물건은 빠지고 사람에 대한 직·간접적인 유형력 행사입니다. 대표적으로 공무집행방해죄가 있습니다. 주취자가 파출소 바닥에 인분을 던지는 경우가 대표적인 예인데요. 꼭 사람의 신체에 직접 유형력을 행사하지 않고 상기처럼 하여도 광의의 폭행에 해당되지요.
3. 협의의 폭행은 사람의 신체에 행사하는 유형력을 말합니다. 즉 폭행죄가 여기에 해당됩니다.
4. 최협의의 폭행은 상대방의 반항을 억압하거나, 현저히 곤란하게 할 정도의 유형력 행사로 강도·강간죄가 여기에 해당됩니다.

(질문) 선생님, 지인이 폭행사건으로 경찰서에 입건에 되었는데, 어떻게 해야 하나요?
(답변) 안타깝지만 너무 걱정하지 마시고, 다음과 같이 해 보세요.

먼저 담당경찰에게 상해죄로 입건되었는지, 폭행으로 입건되었는지를 알아보시고, 폭행이 맞다면 합의를 보시면 폭행죄에 대한 공소권이 없어져 처벌받지 않습니다. 무슨 말이 나하면, 형법 제260조 제3항에 폭행은 "본 죄는 피해자의 명시한 의사에 반하여 논할 수 없다."라고 규정되어 있습니다. 즉 반의사불벌죄입니다. 이 반의사불벌죄란 피해자의 명시한 의사에 반하여 처벌할 수 없다는 뜻입니다. 즉 "피해자가 처벌을 원치 않습니다." 하면 국가에서 처벌할 수 없는 범죄입니다. 그러므로 상대방과 잘 의논하여 폭행의 경우에는 합의를 보시면 됩니다.

그러나 상해는 안 됩니다. 상해죄는 쉽게 말씀드리면 상처가 있는 경우예요. 여기에서는 상해에 관한 자세한 설명은 생략할게요.

범죄예방을 위한 법률·제도와 시설

Ⅱ. 정당방위에 대하여

　일선에 있다 보면 쌍방폭행의 경우 일방이 "자신은 정당방위이다."라고 주장하는 경우가 있고, 또한 판례 역시 정당방위를 인정하는 경우와 그렇지 않은 경우로 나누어져 있습니다. 그런데 판례가 약간 일관성이 없는 것 같기도 하여 쉽지는 않지만 일단 가장 기본이 되는 법조문부터 살펴봅니다. 정당방위는 형법 제21조에 규정되어 있습니다.

> 형법 제21조(정당방위) ① 자기 또는 타인의 법익에 대하여 현재의 부당한 침해를 방위하기 위한 행위는 상당한 이유가 있는 때에는 벌하지 아니한다.

　위 조문을 보면 정당방위는 자기뿐만 아니라 타인을 위해서도 할 수 있고, 과거가 아닌 현재의 부당한 침해여야 합니다. 어릴 때부터 의붓아버지로부터 강간피해를 당해오다 아버지가 잠든 사이에 남자친구가 그 의붓아버지를 살해한 사건이 있었는데, 판례는 침해의 현재성이 없고, 또 정당방위의 상당성이 없다고 보아 정당방위를 인정하지 않았습니다.[3]
　한편 침해란 사람에 의한 침해이기 때문에 만약 동물에 의한 침해인 경우에는 긴급피난은 인정될지언정 정당방위는 인정되지 않습니다. 물론 예외적으로 사람의 사주로 인한 동물의 공격은 사람의 행위로 봅니다. 이 경우 만일 몽둥이 등으로 동물을 때려 죽였다면 정당방위가 될 수 있습니다.[4]
　그리고 뉴스 등을 보면 정당방위의 상당성이 없다고 보아 정당방위가 부정되는 경우가 보도되고 있는데, 여기에서 상당성이란 방위하는 행위가 사회상규에 위배되지 않는 것이라고 보면 됩니다. 상당히 모호할 수 있지만, 일단 개념은 위와 같습니다. 구체적인 경우는 판례를 비교 공부하여야 합니다.

---

3) 신호진. 마스터형법판례. 103면.
4) 조충환, 양건. 스파형법. 207면.

(질문) 선생님, 싸움의 경우 정당방위가 되나요?

(답변) 먼저 판례를 참고하면 싸움은 가해행위인 동시에 공격행위의 성격을 가지므로 판례는 원칙적으로 싸움의 경우에는 정당방위를 인정하지 않고 있습니다. 그런데 구체적인 사안을 보면 일정한 요건을 충족하면 싸움도 정당방위를 인정하고 있습니다. 판례가 정당방위를 판단할 때 제반사항을 종합적으로 고려하고 있어서 일선 현장 경찰들 입장에서는 어떤 사건을 처리할 때 분명한 판단이 서지 않고 어려울 수 있습니다. 이 때문에 경찰청에서는 "폭력사건 정당방위 처리지침"을 만들어 일선에서 참고·활용토록 하고 있으므로, 지금부터는 경찰청 폭력사건 정당방위 처리지침을 소개·설명하며 정당방위에 대하여 알아보기로 합니다.

경찰청 폭력사건 정당방위 처리지침에서는 8가지 정당방위 판단요소가 있는데, 이 8가지 요건을 모두 충족하면 정당방위로 처리하는 것을 원칙으로 하고, 일부를 충족하면서 정당방위 판단이 애매한 경우에는 특별한 사정을 확인할 것을 권고하고 있습니다. 그리고 이 처리지침은 가해자가 아니라 방어자를 기준으로 판단하도록 하고 있는데, 그 내용은 다음과 같습니다.

■ 지침 제1호 / 침해행위에 대해 방어하기 위한 행위일 것

이 지침에서는 공격이 아닌 '방어하기 위한 행위'가 중요합니다. 예를 들어 어린아이가 때리려고 하자, 이에 건장한 성인 남성이 주먹 등으로 어린아이를 가격한 행위는 '방어하기 위한 행위'로 볼 수 없겠지요.

(질문) 선생님, 정당방위의 행동 중 적극적 반격을 하여 정당방위를 할 수도 있다고 어디서 들은 것 같은데, 설명 부탁드립니다.

범죄예방을 위한 법률·제도와 시설

(답변) 예. 정당방위는 크게 두 가지로 나눠볼 수 있어요. 수비적 방어가 있고, 상대방의 불법에 대하여 적극적으로 반격을 가하는 적극적 반격, 이렇게 두 개의 행태가 있는데요. 중요한 것은 상당성 부분입니다. 판례를 보면 순수한 수비적 방어뿐만 아니라, 적극적 반격을 포함하는 방어행위도 정당방위의 방어하기 위한 행위지만, 다만 상당한 이유를 요하고 있습니다.

■ 지침 제2호 / 침해행위를 도발하지 않았을 것

이것은 나쁜 사람이 정당방위를 악용하는 것을 막기 위한 지침입니다. 정당방위 상황을 이용하여 공격자를 가해할 목적으로 자신이 공격을 유발시킨 경우에 그 공격에 대하여는 정당방위가 성립할 수 없다는 것입니다. 예를 들면 상대방을 살해할 목적으로 상대방으로 하여금 자신을 공격하게 하고 이를 이용하여 상대방을 살해한 경우입니다. 이 경우 정당방위를 인정하지 않습니다. 형법에서는 이를 목적을 위한 도발 또는 의도적 도발이라고 표현하고 있습니다.

■ 지침 제3호 / 먼저 공격행위를 하지 않았을 것

이것은 먼저 공격하면 무조건 정당방위가 되지 않는다는 뜻이 아닙니다. 먼저 폭력을 행사하였더라도 상대방이 예상범위를 넘는 침해행위를 하였다면 정당방위를 인정할 여지가 있습니다. 예를 들어 상대방의 멱살을 잡았더니 상대방이 위험한 물건인 각목·칼 등으로 가격하려고 하므로 그 사람의 손목을 잡아 제지하거나, 가슴 등을 미는 정도는 정당방위로 인정할 여지가 있습니다.

■ 지침 제4호 / 폭력행위의 정도가 침해행위의 수준보다 중하지 않을 것

이것은 쉬운 얘기로 뭐보다 뭐가 크다고 하는 것이지요. 하지만 이 경우에도 현장상황이 아주 특별한 경우에는 정당방위로 인정할 수 있습니다.

■ 지침 제5호 / 흉기나 위험한 물건을 사용하지 않았을 것

이것은 상당성 부분과 관련이 있습니다. 판례도 흉기 등을 사용한 경우에는 정당방위를 거의 인정하지 않고 있습니다.

■ 지침 제6호 / 침해행위가 저지·종료된 후 폭력행위를 하지 않았을 것

이것은 가해자가 침해행위를 종료, 즉 그만둔 후에는 폭력을 가해서는 안 된다는 것입니다.

■ 지침 제7호 / 상대방의 피해 정도가 본인보다 중하지 않을 것

■ 지침 제8호 / 치료에 3주 이상을 요하는 상해를 입히지 않았을 것

방어하기 위한 행동이었다면 3주 이상의 상해를 입히게 될 가능성이 높지 않겠지요. 그런데 3주 이상인 경우에도 구체적 사건상황에 따라 정당방위가 인정될 수도 있습니다.[5]

이와 같이 정당방위 처리지침을 보면 그동안 어려웠던 정당방위에 대한 기준이 정리되는 느낌이 있을 겁니다.

다음으로는 정당방위에 관한 중요판례를 소개합니다. 보통 판례는 살아 있는 법이라고 하지요. 다음에 소개할 정당방위에 대한 중요판례를 보면 그동안 정당방위에 관련된 이런 사건과 판결이 있었구나를 공부할 수 있을 것입니다.

■ 침해의 부당성 부분에 대한 판례 / 정당방위는 부당한 침해에 대하여 해야 한다는 것 기억하시지요?

» 검사·경찰 등이 범인을 체포할 때에는 "미란다고지"라고 하여 피의자에게 범죄사실의 고지·변호인선임권·변명의 기회 등을 알려주게 되어 있습니다. 그런데 이

---

[5] 경찰청. 폭력사건 정당방위 처리 매뉴얼, 26~31면.

러한 것을 알려주지 않고 범인을 체포하려고 하자, 이에 범인이 경찰을 폭행한 경우에는 경찰이 적법절차를 지키지 않은 부당한 침해이므로 피의자의 폭행은 정당방위라는 것입니다(대판 2000.7.4. 99도 4341).[6]

» 절도범으로 오인 받은 자가 야간에 군중들로부터 무차별 구타를 당하자, 이를 방어하기 위하여 소지하고 있던 손톱깎기 칼을 휘둘러 상해를 입힌 경우 정당방위를 인정했습니다(대판 1970.9.17. 70도 1473).[7]

■ **현재의 침해에 관한 판례 / 정당방위는 현재의 침해에 대한 방위행위입니다.**

» 임차인이 임대차 기간이 만료된 방을 비워주지 못하겠다고 억지를 쓰며 욕을 하자, 임대인의 며느리가 홧김에 그 방의 창문을 쇠스랑으로 부수었습니다. 이에 임차인이 배척(빠루)을 들고 나와 휘둘렀는데, 이때 마당에서 이 장면을 구경하다 피고인을 피해 도망가지 못한 마을 주민을 배척으로 때려 상해를 입힌 경우입니다. 이는 임차인이 침해행위에서 벗어난 후 분을 풀려는 목적에서 나온 공격행위로 정당방위를 부정하였고, 이 사건에서 침해자인 임대인의 며느리는 이미 도망간 후이므로 침해의 현재성을 부정하였습니다(대판 1996.4.9. 96도 241).[8]

■ **방위행위의 상당성에 관한 판례 / 정당방위의 요건 중 상당성 부분이 중요합니다. 상당성은 사회통념상 허용될 만한 정도라는 얘기입니다.**

▷ **상당성을 인성하여 정당방위를 인정한 판례**

» 수험에서는 "혀절단사건"이라고 하였는데, 그 내용은 다음과 같습니다. 한 여성이 밤에 귀가하던 중 두 명의 남자가 여성 뒤로 달려들어 여성의 음부를 만지고, 옆구리를 무릎으로 가격하고, 억지로 키스를 하려고 하였습니다. 이에 여성은 자신

---

6) 신호진. 마스터형법판례. 103면.
7) 신호진. 마스터형법판례. 104면.
8) 신호진. 마스터형법판례. 102면.

의 정조와 신체를 지키려는 과정에서 그 남자의 혀를 깨물어 혀절단상을 입힌 사건에서 대법원은 이 여성에게 정당방위를 인정하였습니다. 피고인쪽은 정당방위의 상당성 부분을 공격하였으나, 대법원은 정당방위의 상당성이 있다고 보았습니다(대판 1989.8.8. 89도 358).[9]

» 피고인이 운전하던 차량 앞으로 피해자가 갑자기 뛰어들어 함부로 타려고 하자, 피고인은 이에 저항을 하였습니다. 이 과정에서 피해자가 피고인의 바지를 잡아당겨 찢는 등 행패를 부리다가 넘어지자 피고인이 경찰이 올 때까지 약 3분간 누른 사건입니다. 이 경우 여러분 같아도 이렇게 하겠지요(대판 1999.6.11. 99도 943).[10]

» 피해자가 피고인에게 다가와서 폭언을 하면서 피고인의 오른손 둘째손가락을 물어뜯으므로 피고인이 이를 피하려고 피해자의 손을 뿌리치고 피해자의 양어깨를 누른 경우에도 대법원은 정당방위의 상당성이 있다고 보았습니다(대판 1984.4.24. 84도 242).[11]

▷ 상당성을 부정하여 정당방위를 부정한 경우[12]

» 이혼소송 중인 남편이 찾아와 가위로 폭행하면서 변태적 성행위를 강요하자, 이에 부인이 칼로 남편의 복부를 찔러 사망에 이르게 된 사건입니다. 이 경우 정당방위를 인정하지 않았습니다. 대법원은 조금 심했다고 본거 같아요(대판 2001.5.15. 2001도 1089).

» 피고인이 자신의 소유인 밤나무 단지에서 피해자가 밤 18개를 주워 담는 것을 보고 피해자의 뺨 등을 가격한 사건입니다. 좀 심했죠. 대법원은 정당방위를 부정했습니다(대판 1984.9.25. 84도 1611).

---

9) 신호진. 마스터형법판례. 106면.
10) 신호진. 마스터형법판례. 108면.
11) 신호진. 마스터형법판례. 108면.
12) 신호진. 마스터형법판례. 107~109면.

» 피고인이 26cm의 과도로 상대방의 복부 등을 3~4회 찔러 상대방에게 상해를 입힌 사건에서는 정당방위를 부정했습니다(대판 1989.12.12. 89도 2049).
» 피고인이 상대방이 자신을 구타했다 하여 식칼로 상대방을 7군데나 찔러 사망케 한 사건입니다. 이것은 너무 심했죠. 대법원은 정당방위를 부정했습니다(대판 1983.9.27. 83도 1906).

(질문) 선생님, 제가 아는 지인이 최근 가정폭력 피해를 당했어요. 어떻게 해야 하나요. 자세한 설명 좀 부탁드릴게요.
(답변) 예, 지문을 따로 하여 자세히 설명 드릴게요.

Ⅲ. 가정폭력과 처리절차에 대하여

이것은 최근 사회적 관심이 많은 분야입니다. 근거법률로는 '가정폭력범죄의 처벌 등에 관한 특례법'이 있습니다.

가정폭력이란 가정구성원 사이의 신체적·정신적·재산적 피해를 수반하는 행위인데, 이때 중요한 것은 가정구성원의 범위입니다. 법에서 정한 가정구성원의 범위는 다음과 같습니다.
» 배우자(사실혼관계에 있는 사람 포함) 또한 배우자였던 사람
» 자기 또는 배우자와 직계존비속관계(사실상 양친자관계 포함)에 있거나 있었던 사람
» 계부모와 자녀의 관계, 또는 적모와 서자의 관계에 있거나 있었던 사람
» 동거하는 친족

이때 실무적으로 주의할 일은 친족은 동거하는 친족입니다. 동거하지 않으면 안 됩니다. 가정폭력의 대상범죄에는 상해, 폭행, 유기, 학대, 체포, 감금, 협박, 강간, 강제추행, 명예훼손, 모욕, 주거침입, 신체수색, 강요, 공갈, 재물손괴 등이 있습니다. 원래 자기 또는

배우자의 직계친족에게는 고소를 못하지만, 이 가정폭력과 성폭력범죄는 고소할 수 있는 유일한 범죄인 점도 알아야 합니다. 즉 고소에 관한 특례라 하지요. 그럼 만일 여러분에게 가정폭력이 생긴다면 어떻게 해야 할까요? 순서는 먼저 112신고입니다.

　가정폭력범죄에 대한 응급조치라고 하여 진행 중인 가정폭력범죄에 대하여 신고를 받은 사법경찰은 즉시 현장에 출동하여 다음과 같은 조치를 취해야 합니다(가정폭력범죄의 처벌 등에 관한 특례법 제5조).

» 폭력행위의 제지, 가정폭력행위자와 피해자의 분리, 범죄수사

　여기에서는 특히 '분리' 부분이 가장 중요합니다. 보통 피해자의 경우 앞에 가해자가 있으면 누가 솔직히 자신의 피해상황을 경찰에게 얘기하겠습니까? 현장에서 이 내용을 숙지하지 못한 일부 경찰들 때문에 처리과정에 문제가 생기는 경우가 있습니다. 독자가 경찰이시면 가해자와 피해자를 반드시 분리시켜야 하며, 독자가 일반인이시면 반드시 경찰에게 분리시켜 달라고 요구한 다음 사건경위를 출동경찰에게 상세히 말씀해주시면 됩니다.

» 피해자를 가정폭력 관련 상담소 또는 보호시설로 인도(피해자가 동의한 경우만 해당된다)

　이 경우에는 경찰이 무조건 피해자는 보호시설로 데려가는 것이 아니라 피해자의 의사를 물어보아서 동의하면 데려가야 합니다. 가해자와 같이 있으면 안 되겠다고 판단되는 상황이라면 출동경찰에게 말씀하시고 도움을 요청하시면 보호시설로 안내를 해 주실 겁니다.

» 긴급치료가 필요한 피해자는 의료기관으로 인도

　신고를 받고 출동하여 보면 피해자가 상당히 많이 다친 경우가 있습니다. 출동한 경찰은 119에 연락하여 환자를 119구급대원에게 초등확인케 하여 상처가 어떤 상황인지를 관찰케 하는 등 정성을 다해야 할 것입니다.

» 폭력행위가 재발되면 임시조치를 신청할 수 있음을 통보

　이것은 많은 분들이 문의하시는 100m 이내 접근금지규정입니다. 상당히 중요한 부분이므로 다음에 상세히 설명드리죠.

■ 임시조치

임시조치는 가정폭력범죄의 처벌 등에 관한 특례법 제29조에 규정되어 있습니다.

먼저 규정을 보면 "제29조(임시조치) ① 판사는 가정보호사건의 원활한 조사, 심리 또는 피해자 보호를 위하여 필요하다고 인정하는 경우에는 결정으로 가정폭력행위자에게 다음 각호의 어느 하나에 해당하는 임시조치를 할 수 있다."라고 되어 있습니다.

1. 피해자 또는 가정구성원의 주거 또는 점유하는 방실로부터의 퇴거 등 격리
2. 피해자 또는 가정구성원의 주거·직장 등에서 100m 이내의 접근 금지
3. 피해자 또는 가정구성원에 대한 전기통신기본법 제2조 제1호의 전기통신을 이용한 접근 금지
4. 의료기관이나 그밖의 요양소에 위탁
5. 국가경찰관서의 유치장 또는 구치소에 유치

(질문) 선생님, 가정폭력이 지금 발생되고, 긴급하며, 재발우려 등이 있는데, 언제 판사의 임시조치를 기다려요. 무슨 법이 이래요?

(답변) 예, 잠시만요, 그런 점이 문제가 되어 나온 규정이 동법 제8조의2 '긴급임시조치' 입니다.

■ 긴급임시조치

사법경찰은 가정폭력범죄의 처벌 등에 관한 특례법 제5조에 따른 응급조치에도 불구하고 가정폭력범죄가 재발될 우려가 있고, 긴급을 요하여 법원의 임시조치결정을 받을 수 없을 때에는 직권 또는 피해자나 그 법정대리인의 신청에 의하여 긴급임시조치를 할 수 있습니다. 쉬운 얘기로 경찰이 상기 내용에 해당되면 급하니까 판사 역할을 현장에서 바로 할 수 있다는 것이지요. 여러분도 꼭 알아두세요.

■ 가장 많은 질문

일선에 있어 보면 다음의 질문들이 많습니다. "경찰관님, 저는 경찰서에 가서 사건처

리도 하기 싫고, 그냥 저 사람 100m 접근 금지만 시켜주세요."라는 내용입니다. 이 경우의 처리규정은 상당히 중요합니다. 왜냐하면 일선 경찰들도 일부 모르는 경우가 있어 사건처리만 고집할 수도 있기 때문입니다. 답을 드리면 가정폭력의 재발이 우려되면 형사절차와 별개로 피해자 또는 법정대리인이 직접 법원에 가서 피해자보호명령을 청구할 수 있습니다.

■ 피해자보호명령 청구제도

경찰 등 수사기관을 거치지 않고 피해자는 직접 가정법원에 가서 다음과 같은 청구를 할 수 있습니다.

① 주거 등에서 가해자 격리
② 피해자의 주거·직장에서 100m 이내 접근 금지
③ 전화, 이메일 등 접근 금지
④ 친권행사 제한

가해자가 법원의 피해자보호명령을 위반할 경우에는 징역 또는 벌금이 부과될 수 있습니다.

관련기관 연락처
여성 긴급 전화 : 1366, 다누리콜 1577-1366, 1577-5432
대한법률구조공단 : 132, 한국가정법률상담소 : 1644-7077

범죄예방을 위한 법률·제도와 시설

Ⅳ. 성폭력에 대하여

성폭력이 무섭고, 또 엄벌해야 하는 이유는 무엇일까요? 무엇보다도 성폭력은 한 여성을 평생 트라우마 속에서 살아가게 하는 엄청난 고통을 주는 범죄이기 때문입니다.

먼저 성폭력에 관한 정확한 형법상 개념을 알아야 합니다. 2013. 6. 19 강간죄에 관한 처벌규정이 변경되어 시행되고 있는 부분이 중요합니다. 변경된 부분과 신설된 부분이 있으니 이 부분을 집중적으로 설명하겠으며, 특히 최근 부부강간 인정 판례 등도 소개·설명하겠습니다.

먼저 우리 형법 제297조에 강간죄가 규정되어 있습니다. "폭행 또는 협박으로 사람을 강간한 자는 3년 이상의 유기징역에 처한다."라고 규정되어 있습니다. 그런데 예전에는 위 규정 중 사람 부분이 '부녀'로 규정되어 있었습니다. 즉 여성이 남성을 강간할 경우에는 강간죄가 성립되지 않았으나, 이제는 남녀불문하고 사람이면 강간죄의 객체가 된다는 점에 주의해야 합니다.

그리고 형법 제297조의2(유사강간)가 신설되었습니다. 규정을 보면 "폭행 또는 협박으로 사람에 대하여 구강·항문 등 신체(성기는 제외)의 내부에 성기를 넣거나, 성기·항문에 손가락 등 신체(성기는 제외)의 일부 또는 도구를 넣는 행위를 한 사람은 2년 이상의 유기징역에 처한다."라고 되어 있습니다.

예전에는 강간의 경우 '삽입설'이라고 하여, 남자의 성기가 여자의 성기에 삽입되어야 강간이 성립되었습니다. 위의 경우에는 그렇지 않더라도 유사강간으로 처벌하도록 신설된 규정입니다. 신설규정이므로 잘 알아두어야 합니다.

한편 강간에는 미치지 못하더라도 우리가 소위 얘기하는 '추행'이 있는데, 형법 제298조(강제추행)에서는 "폭행 또는 협박으로 사람에 대하여 추행을 한 자는 10년 이하의 징역 또는 1천500만 원 이하의 벌금에 처한다."라고 규정되어 있습니다.

다음에는 추행의 개념을 설명합니다.

판례에서는 추행의 개념을 다음과 같이 판시하고 있습니다.13)

> 추행이라 함은 객관적으로 일반인에게 성적 수치심이나 혐오감을 일으키게 하고 선량한 성적 도덕 관념에 반하는 행위로서 피해자의 성적 자유를 침해하는 것이라고 할 것인데, 이에 해당하는지 여부는 피해자의 의사·성별·연령, 행위자와 피해자의 이전부터의 관계, 그 행위에 이르게 된 경위, 구체적 행위태양, 주위의 객관적 상황과 그 시대의 성적 도덕관념 등을 종합적으로 고려하여 신중히 결정되어야 한다(대판 2002.4.26. 2001도 2417).

개념이 조금 어렵지요. 그래서 주요판례 위주로 공부해야 합니다. 지면관계상 모든 중요판례를 소개할 수는 없어서 몇 가지 판례의 요지를 설명합니다.

» 여성인 피해자를 팔로 힘껏 껴안고 강제로 입을 맞춘 사건입니다. 피해자의 상의를 걷어 올리고 유방을 만지고 하의를 내린 사건 등이 추행에 해당됩니다.

» 최신판례 : 부부강간죄 인정(대판 2013.5.16. 2012도 14788 전원합의체)
최근 증가하고 있는 가정해체와 이혼증가 속에서 부부강간죄를 인정한 최근의 중요 판례를 소개합니다. 이 사건의 핵심내용은 '부부인 피고인과 피해자가 불화로 부부 싸움을 자주하면서 각 방을 써오던 상황에서 피고인이 흉기를 사용하여 피해자를 폭행·협박한 후 강제로 성관계'를 한 사건인데, "성폭력범죄의 처벌 등에 관한 특례법 위반(특수강간) 죄가 성립한다."고 판시하였습니다.

(중요 질문) 선생님, 이제 강간죄나 추행죄가 친고죄가 아니라는데 무슨 말인가요?
(답변) 예, 중요한 부분을 말씀하시네요, 친고죄는 피해자가 수사기관에 고소를 해야 되는 범죄입니다. 예전에는 강간죄나 추행죄가 친고죄여서 피해자가 수사기관에 고소를 해야 하고, 고소를 하지 않으면 수사기관이 공소를 제기하지 못했지요. 하지만 이제는 친고죄가 아니므로 피해자의 고소 여부에 불문하고 처벌할 수 있다는 말입니다. 쉬운 말로 성범죄의 경우 예전에는 피해자가 칼자루를 쥐고 있었으나, 이제는 피해자의 의사에 불문하고 국가가 처벌할 수 있다는 얘기지요.

---

13) 조충환, 양건. 스파형법. 114면.

범죄예방을 위한 법률·제도와 시설

Part I

여성안심귀가길 서비스를 아시나요?

인적이 드문 새벽길이나 밤길을 걸을 때는 무서우시죠? 여성안심귀가길 서비스는 범죄예방 차원에서 운영되고 있습니다.

물론 인력과 장비가 한정되어 있고, 야간시간대 폭력신고 등이 폭주하는 경우가 많으므로 꼭 필요할 경우만 112신고를 하여 도움 요청을 하는 것이 옳은 일입니다.

이외에 귀가길에는 가급적 여성 혼자 귀가하지 말고, 늦은 시간 이어폰을 꽂고 음악을 들으며 또는 스마트폰을 보면서 가는 경우가 많은데, 이 경우 주변에서 누가 다가와도 음악소리 때문에 알아채지 못해 범죄의 대상이 되므로 주의해야 합니다. 또한 택시를 타기 전에 차량번호를 확인하여 탑승 후에 부모나 친구 등에게 휴대폰으로 택시번호를 알려둡니다.

관련기관 연락처
여성 긴급 전화 : 1366
한국여성의 전화 : 02-2263-6465
이주여성 긴급 지원센터 : 1577-1366

V. 학교폭력에 대하여

경찰이 4대악 근절을 위하여 노력한 결과 학교폭력의 감소에는 많은 성과가 있다고 볼 수 있습니다.

학교폭력의 개념은 다음과 같습니다. 학교폭력예방 및 대책에 관한 법률 제2조 제1항을 보면 "학교폭력이란 학교 내외에서 학생을 대상으로 발생한 상해, 폭행, 감금, 협박, 약취, 유인, 명예훼손, 모욕, 공갈, 강요, 강제적인 심부름, 따돌림, 사이버따돌림, 정보통신망을 이용한 음란, 폭력, 정보 등에 의하여 신체·정신 또는 재산상의 피해를 수반하는 행

위"를 말합니다.

그리고 따돌림, 우리가 소위 말하는 '왕따'란 동법 제2조 제1의2에서 "학교 내외에서 2명 이상의 학생들이 특정인이나 특정집단의 학생들을 대상으로 지속적이거나, 반복적으로 신체적 또는 심리적 공격을 가하여 상대방이 고통을 느끼도록 하는 일체의 행위"를 말합니다. 또한 동법 제2조 제1의3에서는 "인터넷, 휴대전화 등 정보통신기기를 이용하여 학생들을 대상으로 지속적·반복적으로 심리적 공격을 가하거나, 특정학생과 관련된 개인정보 또는 허위사실을 유포하여 상대방이 고통을 느끼도록 하는 일체의 행위를 말한다."라고 규정하여 사이버따돌림의 개념을 정의하고 있습니다.

학교폭력은 최근 저연령화되고 있어 초등학교도 위험합니다. 이에 대한 경찰의 적극적인 대처가 필요하고, 학교 당국 또한 관심이 필요한 실정입니다. 이러한 학교폭력을 예방하려면 먼저 알아야 대처가 가능하므로 학교 당국에서 2009년 교육부에서 배포한 따돌림 체크리스트를 활용하여 체크함으로써 학교폭력이 있는가를 먼저 체크하여야 합니다.

또한 학교에서 혼자 떨어져 있거나, 자기 의사표현을 잘하지 못하는 학생이 있는가를 평소 학교에서 면밀히 관찰하도록 합니다. 경찰 공권력이 반드시 필요한 경우가 있으므로 신고방법을 적극적으로 홍보하도록 합니다.

신고방법은 무기명 신고나 인터넷메일 등 다양한 방법이 있다는 것을 적극 홍보하고, 학교폭력 인지 시에는 피해학생을 상담하고 부모에게 알려서 부모로부터 이상징후가 없었는지를 물어봐야 합니다.

최근에는 사이버폭력이 문제가 되고 있습니다. 사이버폭력의 예는 친구를 괴롭히는 장면을 동영상으로 찍어서 미니홈피에 올리거나, 안티카페를 만들어 특정친구를 괴롭히는 것 등입니다. 이에 대한 대응방법은 먼저 화면캡처 등 당시 피해상황을 반드시 찍어둡니다. 그리고 악플 등의 경우에는 해당 웹사이트의 삭제조치를 요구하고, 경찰청사이버수사대에 의뢰합니다.

그리고 학교에서의 성폭력인데, 성폭력의 경우 가장 중요한 것은 피해학생의 증거확보입니다. 피해 당시의 몸을 씻지 말고 112신고를 하여 경찰이 현장에 출동하면 지시에 따라야 합니다. 최근에는 원스톱시스템을 서울보라매병원 등에서 시행하고 있습니다. 이것

범죄예방을 위한 법률·제도와 시설

은 경찰이 피해학생을 병원으로 바로 데리고 가서 정액채취 등 응급진료를 받을 수 있도록 하는 제도입니다.

원스톱지원센터를 아시나요?

여성경찰관, 상담사, 의료인들이 24시간 상주하여 피해자들의 진료와 수사, 상담, 법률자문 등에 관한 서비스를 통합해서 제공하고 있는 제도입니다.

(질문) 선생님, 제가 아는 친구가 학교폭력으로 전학 등 불이익을 받았는데, 학교폭력 가해학생에게는 어떤 조치를 할 수 있나요?

(답변) 예, 크게 피해학생 친구에 대한 서면사과, 학교봉사, 사회봉사, 심리치료 등이 있습니다. 그리고 행위에 따라 정학, 학급교체, 전학, 퇴학 등이 있습니다.

(질문) 선생님, 친구가 같은 학급 친구를 때려서 1호 보호처분을 받았다고 하는데, 보호처분에 대하여 알려주세요?

(답변) 예, 먼저 소년보호처분은 형벌은 아닙니다. 다만 나쁜 행동을 친구나 다른 사람에게 했을 때 아무런 조치를 하지 않으면 문제가 되겠지요? 그래서 보호관찰, 사회봉사 등을 해서 건전한 사람으로 육성케 하려는 제도이지요.
소년법에 규정된 보호처분의 내용은 다음과 같습니다.[14]

1호처분 : 보호자 등에게 감호 위탁, 6개월(6개월 연장 가능)
2호처분 : 수강명령, 12세 이상, 100시간 이내
3호처분 : 사회봉사명령, 14세 이상, 200시간 이내
4호처분 : 단기보호관찰, 1년
5호처분 : 장기보호관찰, 2년(1년 연장 가능)

---

14) 소년법 제32조

6호처분 : 소년보호시설에 감호 위탁, 6개월(6개월 연장 가능)
7호처분 : 병원 등 소년의료보호시설에 위탁, 6개월(6개월 연장 가능)
8호처분 : 1개월 이내의 소년원 송치, 1개월 이내
9호처분 : 단기소년원 송치, 6개월 이내
10호처분 : 장기소년원 송치, 12세 이상, 2년 이내

1. 경찰청에서 만들어놓은 여성·아동용 112긴급신고 앱을 아시나요?

최근에 많은 오작동으로 문제가 되고는 있지만, 위급 시 스마트폰 앱을 바로 작동하여 긴급 112신고를 할 수 있는 앱이 있어 많은 학생들이 이용하고 있으므로 스마트폰에 이 앱을 설치하기 바랍니다.
설치방법은 앱스토어에서 112를 검색하면 있습니다. 이것을 설치하면 되지요.

2. 골목 등에 설치되어 있는 감시카메라의 유용한 기능을 아세요?

골목 등에는 방범용 감시카메라가 설치되어 있습니다.
보통 감시카메라는 촬영만 하는 것으로 알고 있지요. 그런데 카메라가 설치된 기둥 아랫부분을 보면 버튼스위치가 있는데, 긴급 시에 이 버튼을 누르면 경찰관제센터와 송수신 할 수 있으므로 긴급 시 유용하게 사용하기 바랍니다. 버튼을 누르면 관제센터의 경찰관이 "무슨 일이세요?"라고 물어 볼 것입니다. 이때 신고내용을 말씀하시면 되겠지요.

3. 학교폭력 신고전화 117번, 117Chat앱을 아시나요?

학교폭력이 발생했을 때 경찰이나 선생님들을 직접 대면하여 자신의 피해사실을 주장하는 것이 어린 학생들의 입장에서는 불편할 수 있습니다. 이런 이유로 경찰청에서는 117Chat앱을 운영하고 있습니다. 여러분이 스마트폰에서 다른 앱을 다운받는 것과 똑같이 Play스토어 등에 들어가서 117Chat앱을 다운설치하면 됩니다. 그러면 카톡처럼 경찰관과 채팅 형식으로 자신의 피해사실·고민 등을 채팅하실 수 있습니다. 익명성이 유지되므로 많이 상담·활용하세요.

범죄예방을 위한 법률·제도와 시설

4. 아동 등 실종예방 사전등록제를 아시나요?

지구대에 근무하다 보면 부모님들이 아이들을 데리고 실종아동예방 사전등록을 하러 오시는 경우가 많은데, 이 제도는 아동 등이 실종되었을 때를 대비하여 미리 경찰에 지문과 얼굴사진, 기타 그 아이의 신상정보를 등록해 두었다가 실종 시 자료로 활용하여 신속히 발견하도록 하는 제도입니다. 대상은 만 14세 미만 아동, 지적·자폐성 정신장애인과 치매환자 중 보호자가 원하는 사람입니다. 신청방법은 가까운 경찰서의 여성청소년계, 지구대, 파출소를 방문하면 사전등록신청서 작성부터 지문등록까지 할 수 있습니다. 안전Dream홈페이지(www.safe182.go.kr)를 이용하여 먼저 사전등록을 하고, 경찰서를 방문하여 지문등록을 하시면 됩니다. 아이도 좋지만, 특히 치매노인의 경우 보호자분들이 이 제도를 활용하시면 큰 도움이 될 것입니다.

Ⅵ. 아동학대범죄에 대하여

최근 어린이집 등에서 아동학대가 있었다는 소식이나, 자신의 자식을 쓰레기더미 아파트에 방치한 부모가 처벌을 받았다는 등 아동학대 관련 뉴스가 많이 나오고 있습니다. 많은 분들이 아동학대범죄에 대하여 관심은 있으나, 관련 법인 '아동학대범죄의 처벌 등에 관한 특례법'이 2014. 9.29 공포되어 시행기간이 얼마 되지 않은 관계로 법률상의 아동학대범죄를 정확히 모르는 경우가 많습니다. 따라서 여기에서는 범죄예방과 사건발생 시 신속한 대처를 위해 아동학대범죄의 처벌 등에 관한 특례법의 주요내용을 설명합니다.

먼저 아동의 정의는 아동복지법 제3조 제1호에서 규정된 18세 미만인 사람입니다. 그리고 아동학대의 개념은 아동복지법 제3조 제7호에서는 "보호자를 포함한 성인이 아동의 건강 또는 복지를 해치거나 정상적 발달을 저해할 수 있는 신체적·정신적·성적·폭력이나 가혹행위를 하는 것과, 아동의 보호자가 아동을 유기하거나 방임하는 것"으로 정의하고 있습니다.

아동학대범죄의 처벌 등에 관한 특례법 제2조 제4호에는 아동학대범죄를 다음과 같이 규정하고 있습니다.

1. 형법상으로는 상해(미수 포함), 폭행, 특수폭행, 폭행치상, 유기, 영아유기, 학대, 아동혹사, 유기치상, 체포감금(미수 포함), 중체포감금(미수 포함), 특수체포감금(미수 포함), 체포감금치상, 협박(미수 포함), 특수협박(미수 포함), 미성년자약취유인, 추행 등 목적약취유인(추행, 간음, 영리, 결혼목적, 노동력, 성매매, 장기적출, 국외이송목적), 인신매매(추행, 간음, 영리, 결혼목적, 노동력, 성매매, 장기적출, 국외이송목적), 약취유인매매이송 등 상해, 약취유인매매이송 등 치상, 강간(미수 포함), 유사강간(미수 포함), 강제추행(미수 포함), 준강간, 강제추행(미수 포함), 강간 등 상해, 치상, 강간 등 살인, 강간 등 치사, 미성년자 등에 대한 간음, 업무상위력 등에 의한 간음(업무, 고용, 감독관계, 법률에 의해 구금감호자), 미성년자에 대한 간음, 추행, 명예훼손, 출판물 등에 의한 명예훼손, 모욕, 주거신체수색, 강요(미수 포함), 공갈(미수 포함), 재물손괴

2. 아동복지법상으로는 아동을 매매하는 행위, 아동에게 음행을 시키거나 음행을 매개하는 행위 또는 아동에게 성적수치심을 주는 성희롱 등 성적 학대행위, 아동의 신체에 손상을 주거나 신체의 건강 및 발달을 해치는 신체적 학대행위, 아동의 정신건강 및 발달에 해를 끼치는 정서적 학대행위, 자신의 보호감독을 받는 아동을 유기하거나 의식주를 포함한 기본적 보호, 양육, 치료, 및 교육을 소홀히 하는 방임행위, 장애를 가진 아동을 공중에게 관람시키는 행위, 아동에게 구걸을 시키거나, 아동을 이용하여 구걸하는 행위, 공중의 오락 또는 흥행을 목적으로 아동의 건강 또는 안전에 유해한 곡예를 시키는 행위 또는 이를 위하여 아동을 제3자에게 인도하는 행위 등

보호자의 정의는 아동복지법 제3조 제3호에 규정되어 있습니다. 여기에서 보호자란 친권자, 후견인, 아동을 보호·양육·교육하거나 그러한 의무가 있는 자 또는 업무·고용 등의 관계로 사실상 아동을 보호·감독하는 자를 말합니다. 유치원·어린이집 등에서 아동학대사건이 발생한 경우에는 교사 등이 업무·고용 등의 관계로 보아 사실상 아동을 보호·감독하는 자에 속합니다.

범죄예방을 위한 법률·제도와 시설   Part 1

아동학대범죄의 처벌 등에 관한 특례법 제16조에 있는 피해아동에 대한 변호사 선임의 특례규정은 다음과 같습니다.

> 아동학대범죄의 처벌 등에 관한 특례법 제16조(피해아동에 대한 변호사 선임의 특례) 아동학대범죄사건의 피해아동에 대한 변호사선임 등에 관하여는 성폭력범죄의 처벌 등에 관한 특례법 제27조를 준용한다. 이 경우 성폭력범죄는 아동학대범죄로, 형사절차는 형사 및 아동보호절차로, 피해자는 피해아동으로 본다.

제16조의 내용을 설명하면 사법경찰은 조사 전에 피해자에게 변호사가 있는지 확인하고, 없으면 피해자 등에게 국선변호인을 신청할 수 있음을 고지하여야 합니다. 성폭력범죄의 처벌 등에 관한 특례법 제27조는 "성폭력범죄의 피해자 및 그 법정대리인은 형사절차상 입을 수 있는 피해를 방어하고, 법률적 조력을 보장하기 위하여 변호사를 선임할 수 있다." 입니다.

부모들이 알아야할 아동학대의 징후는 다음과 같습니다.

가. 아이들이 신체학대를 당한 징후
- » 아이의 몸에 이해하기 힘든 상처
- » 담배불자국, 화상자국, 성기나 음부 등에 화상자국
- » 물린 상처
- » 허복지 안쪽 등 자연적으로 다치기 어려운 부위의 상처
- » 머리카락이 뜯겨나간 자국
- » 귀 손상, 골절 등

이런 피해를 당한 아이들은 집이나 어린이집에 가기 싫어하는 행동을 하며, 어른을 피하는 등 대인접촉기피 행동을 하는 경향이 있습니다.

나. 아이들이 성학대를 당한 징후
- » 임신, 아동의 질에 정액이 묻어 있는 경우, 처녀막손상, 질상처
- » 입천장 등의 손상

이런 피해를 당한 아이들은 수면장애, 혼자 남아 있기를 거부하거나, 자기 파괴적인 행동을 하는 경향이 있습니다.

변호사는 검사 또는 사법경찰의 피해자 등에 대한 조사에 참여하여 의견을 진술할 수 있습니다. 변호사는 구속되기 전의 피의자신문, 증거보전절차, 공판준비기일 및 공판절차에 출석하여 의견을 진술할 수 있습니다.

변호사는 증거보전 후 관계서류, 증거물, 소송계속 중의 관계서류나 증거물 등을 열람하거나 등사할 수 있고, 형사절차에서 피해자 등 대리가 허용될 수 있는 모든 소송행위에 대한 포괄적인 대리권을 가지게 됩니다. 검사는 피해자가 변호사를 선임할 수 없으면 국선변호사를 선임하여 형사절차에서 피해자의 권익을 보호할 수 있습니다.

아동학대범죄의 특성은 가정 등 내부에서 일어나는 은폐성이 있고, 지속 반복되는 특성이 있다는 것입니다. 학대행위자는 친부모가 가장 많고, 아동이 신체적 피해뿐만 아니라 지능·언어 등 발달지연과 심리적인 문제가 발생할 수 있다는 점이 있습니다. 또한 피해아동이 성장하여 자신의 자녀에게 대물림하는 경향이 있습니다.

아동학대범죄의 경우 아동학대범죄의 처벌 등에 관한 특례법 제10조 제2항에 신고의무자가 규정되어 있습니다. 이 신고의무자들이 신고를 위반하면 500만 원 이하의 과태료 처분을 받을 수 있습니다.

이 경우 신고의무자는 아래와 같습니다. 아래 신고의무자들은 아동학대범죄가 의심되면 신고를 꼭 하셔야 합니다.

1. 가정위탁지원센터의 장과 그 종사자
2. 아동복지시설의 장과 그 종사자
3. 아동복지법 제13조에 따른 아동복지 전담공무원
4. 가정폭력방지 및 피해자보호 등에 관한 법률 제5조에 따른 가정폭력관련 상담소 및 같은 법 제7조의 2에 따른 가정폭력피해자 보호시설의 장과 그 종사자
5. 건강가정기본법 제35조에 따른 건강가정지원센터의 장과 그 종사자
6. 다문화가족지원법 제12조에 따른 다문화가족지원센터의 장과 그 종사자
7. 사회복지사업법 제14조에 따른 사회복지 전담공무원 및 같은 법 제 34조에 따른 사회복지시설의 장과 그 종사자
8. 성매매방지 및 피해자보호 등에 관한 법률 제5조에 따른 지원시설 및 같은 법 제10

조에 따른 성매매피해상담소의 장과 그 종사자
9. 성매매방지 및 피해자보호 등에 관한 법률 제10조에 따른 성폭력피해상담소 및 같은 법 제12조에 따른 성매매피해보호시설의 장과 그 종사자
10. 소방기본법 제34조에 따른 구급대의 대원
11. 응급의료에 관한 법률 제36조에 따른 응급구조사
12. 영유아보육법 제10조에 따른 어린이집의 원장 등 보육교직원
13. 영유아보육법 제20조에 따른 교직원 및 같은 법 제23조에 따른 강사 등
14. 의료기사 등에 관한 법률 제1조의2 제1호에 따른 의료기사
15. 의료법 제2조 제1항에 따른 의료인과 같은 법 제3조 제1항에 따른 의료기관의 장
16. 장애인복지법 제58조에 따른 장애인복지시설의 장과 그 종사자로서 시설에서 장애아동에 대한 상담·치료·훈련 또는 요양업무를 수행하는 사람
17. 정신보건법 제3조 제3호에 따른 정신의료기관, 같은 조 제4호에 따른 정신질환자사회복귀시설, 같은 조 제5호에 따른 정신요양시설 및 같은 조 제13조의2에 따른 정신보건센터의 장과 그 종사자
18. 청소년기본법 제3조 제6호에 따른 청소년시설 및 같은 조 제8호에 따른 청소년단체의 장과 그 종사자
19. 청소년보호법 제35조에 따른 청소년보호·재활센터의 장과 그 종사자
20. 초·중등교육법 제19조에 따른 교직원, 같은 법 제19조의2에 따른 전문상담교사 및 같은 법 제22조에 따른 산학겸임교사 등
21. 한부모가족지원법 제19조에 따른 한 부모가족복지시설의 장과 그 종사자
22. 학원의 설립·운영 및 과외교습에 관한법률 제6조에 따른 학원의 운영자·강사·직원 및 같은 법 제14조에 따른 교습소의 교습자·직원
23. 아이돌봄지원법 제2조제4호에 따른 아이돌보미
24. 아동복지법 제37조에 따른 취약계층 아동에 대한 통합서비스지원 수행인력

　　아동학대범죄의 처벌 등에 관한 특례법 제12조에 의한 피해아동에 대한 응급조치를 위하여 아동학대범죄 신고를 접수받아 현장에 출동하는 경찰은 다음과 같은 현장응급조치를 하여야 합니다.

1. 아동학대범죄 행위의 제지
2. 아동학대행위자를 피해아동으로부터 격리
3. 피해아동을 아동학대 관련시설로 인도
4. 긴급치료가 필요한 피해아동을 의료기관에 인도

　　아동학대범죄의 처벌 등에 관한 특례법 제19조의 아동학대행위자에 대한 임시조치 규정을 보면 판사는 아동학대범죄의 원활한 조사, 심리 또는 피해아동보호를 위하여 필요하다고 인정하는 경우 다음 각 호의 어느 하나의 임시조치를 할 수 있습니다.

1. 피해아동 또는 가정구성원의 주거로부터 퇴거 등 격리
2. 피해아동 또는 가정구성원의 주거, 학교 또는 보호시설 등에서 100m 이내의 접근금지
3. 피해아동 또는 가정구성원에 대한 전기통신기본법 제2조 제1호의 전기통신을 이용한 접근금지
4. 친권 또는 후견인 권한행사의 제한 또는 정지
5. 아동보호전문기관 등에의 상담 및 교육위탁
6. 경찰관서의 유치장 또는 구치소에의 유치

(질문) 선생님, 현장상황이 급박할 경우 언제 위와 같은 판사의 결정을 받나요? 이 법에 문제가 있는 것 아닌가요?

(답변) 예, 좋은 질문입니다. 그래서 긴급임시조치라는 것이 있습니다. 긴급임시조치는 아동학대범죄의 처벌 등에 관한 특례법 제13조에 규정이 되어 있는데요. 핵심은 "경찰의 응급조치에도 불구하고 현장상황이 아동학대범죄가 재발될 우려가 있고, 긴급을 요하여 법원의 임시조치 결정을 받을 수 없을 때에는 사법경찰의 직권이나 피해아동, 그 법정대리인(아동학대행위자는 제외), 변호사 또는 아동보호

범죄예방을 위한 법률·제도와 시설   Part 1

전문기관의 장의 신청에 따라 제19조 제1항 제1호부터 제3호까지의 어느 하나에 해당하는 조치를 할 수 있다."라고 규정되어 있습니다.

위 답변의 내용을 정리하면 다음과 같습니다.
1. 피해아동 또는 가정구성원의 주거로부터 퇴거 등 격리
2. 피해아동 또는 가정구성원의 주거, 학교 또는 보호시설 등에서 100m 이내의 접근금지
3. 피해아동 또는 가정구성원에 대한 전기통신기본법 제2조 제1호의 전기통신을 이용한 접근금지

이 긴급임시조치를 위반한 사람은 500만 원 이하의 과태료를 부과받습니다.

> 아동학대범죄의 처벌 등에 관한 특례법 제46조(피해아동보호명령사건의 관할)
> ① 피해아동보호명령사건의 관할은 아동학대행위자의 행위지·거주지 또는 현재지 및 피해아동의 거주지 또는 현재지를 관할하는 가정법원으로 한다. 다만 가정법원이 설치되지 아니하는 지역에 있어서는 해당지역의 지방법원으로 한다.
> ② 피해아동보호명령사건의 심리와 결정은 판사가 한다.

피해아동보호명령제도를 아시나요?

피해아동보호명령제도는 피해아동이 경찰이나 검찰 등 수사기관을 거치지 않고 바로 법원에 보호조치를 요구하여 법적인 보호를 받을 수 있는 제도입니다. 작년 친아버지로부터 상습학대를 당하는 여고생이 직접 피해아동보호명령을 청구하였는 바, 이에 가정법원에서 이 청구를 받아들여 피해 여학생을 아동보호시설에 보호·위탁하도록 명령을 내린 사례가 있습니다.

아동학대범죄의 처벌 등에 관한 특례법 제47조(가정법원의 피해아동에 대한 보호명령) ① 판사는 직권 또는 피해아동, 그 법정대리인, 변호사, 아동보호전문기관의 장의 청구에 따라 결정으로 피해아동의 보호를 위하여 다음 각호의 피해아동보호명령을 할 수 있다.
1. 아동학대행위자를 피해아동의 주거지 또는 점유하는 방실로부터의 퇴거 등 격리
2. 아동학대행위자가 피해아동 또는 가정구성원에게 접근하는 행위의 제한
3. 아동학대행위자가 피해아동 또는 가정구성원에게 전기통신기본법 제2조 제1호의 전기통신을 이용하여 접근하는 행위의 제한
4. 피해아동을 아동복지시설 또는 장애인복지시설로의 보호위탁
5. 피해아동을 의료기관으로의 치료위탁
6. 피해아동을 연고자 등에게 가정위탁
7. 친권자인 아동학대행위자의 피해아동에 대한 친권행사의 제한 또는 정지
8. 후견인인 아동학대행위자의 피해아동에 대한 후견인 제한 또는 정지
9. 친권자 또는 후견인의 의사표시를 갈음하는 결정을 할 수 있다.

1장

기본 발차기

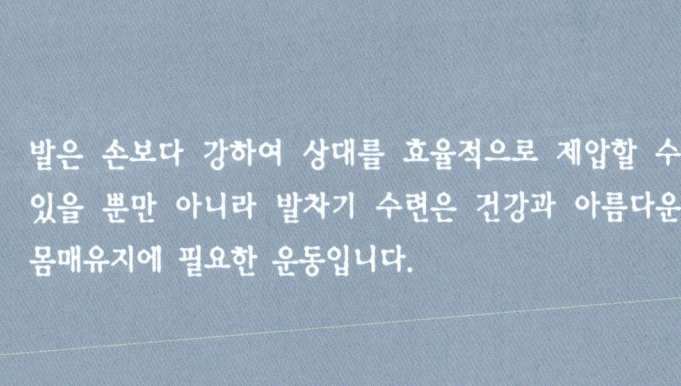

발은 손보다 강하여 상대를 효율적으로 제압할 수 있을 뿐만 아니라 발차기 수련은 건강과 아름다운 몸매유지에 필요한 운동입니다.

 **1) 앞차기**

01 왼발을 앞으로 내밀고 자연스럽게 선다.

02 뒤에 있는 오른다리를 접어 들어올린다.

03 접힌 오른다리를 펴서 상대의 음낭·배·턱을 찬다(이때 발끝은 자신의 몸쪽으로 젖혀 발앞꿈치로 차며, 시선은 발끝을 따라간다).

 2) 옆차기

01 왼발을 앞으로 내밀고 자연스럽게 선다.

02 뒤에 있던 오른다리를 접어 가슴높이까지 들어 올린다.

03 접은 오른다리를 펴서 상대의 무릎·배·얼굴을 찬다.

3) 돌려차기

01 왼발을 앞으로 내밀고 자연스럽게 선다.

02 뒤에 있는 오른다리를 접어 들어올린다.

03 02의 동작에서 안쪽으로 몸통을 90도 돌린다.

04 03의 동작에서 접힌 다리를 펴서 상대의 다리·배·얼굴을 발앞꿈치·발등·정강이로 찬다.

4) 뒤차기

01 오른발을 앞으로 내밀고 자연스럽게 선다.

02 뒤에 있는 발(왼발)방향으로 돌면서 상대를 본다.

03 02의 동작에서 왼발을 오른쪽 무릎에 댄다.

04 03의 동작인 접힌 왼다리를 뒤로 뻗으면서 상대의 배·얼굴을 찬다 (이때 발끝은 자신의 배쪽으로 당겨 뒤꿈치부위로 찬다).

5) 뒤돌려차기

01 오른발을 앞으로 내밀고 자연스럽게 선다.

02 뒤에 있는 발(왼발)방향으로 돌면서 상대를 본다.

03 02의 동작에서 왼다리를 수평으로 들어올린다.

04 03의 동작에서 몸을 회전하는 방향으로 회전하면서 뒤꿈치로 상대의 얼굴을 찬다.

6) 앉아 뒤돌려차기

01 왼발을 앞으로 내밀고 자연스럽게 선다.

02 뒤에 있는 발(오른발)방향으로 돌아 앉으면서 양손은 바닥을 짚고 상대를 본다.

03 02의 동작에서 오른발로 상대의 무릎밑부분(종아리)을 뒤돌려찬다.

04 03의 동작처럼 상대를 찬 다음 오른발을 감아 왼발 뒤쪽으로 놓고 앉는 왼서 기자세를 취한다.

 ## 7) 안다리 차 넣기

(상대가 잡거나 안았을 때)

01 상대가 잡았을 때에는 오른다리를 들어올린다.

02 01의 동작에서 들어올린 다리의 발바닥안쪽으로 상대방의 정강이를 차서 넣거나, 상대방 무릎 아래부터 발목까지 발바닥으로 문질러 내린다.

8) 뒤꿈치 차 들이기

(상대가 잡거나 안았을 때)

01 상대가 잡았을 때에는 오른발을 상대의 대퇴부쪽으로 들어올린다.

02 01의 동작처럼 들어올린 발을 상대의 대퇴부쪽으로 강하게 끌어당겨 뒤꿈치로 상대의 바깥쪽대퇴부를 찍는다.

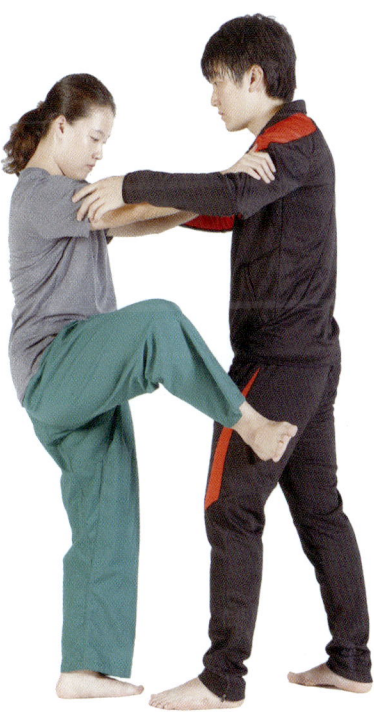

9) 무릎차기

(상대가 잡거나 안았을 때)

01 상대가 잡고 있을 때에는 양팔로 상대를 같이 잡는다.

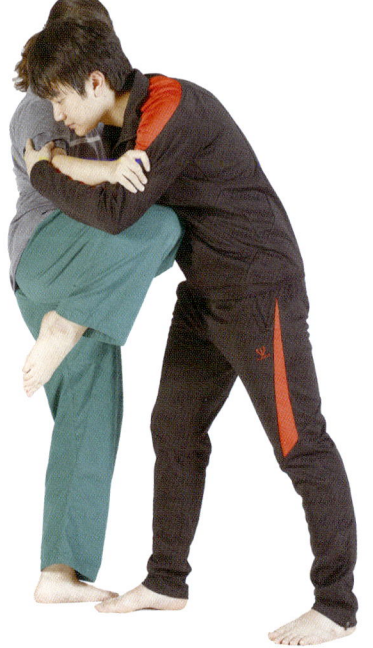

02 01의 동작처럼 상대를 잡아 강하게 당기면서 무릎을 들어 상대의 음낭이나 배를 찬다.

10) 뒤꿈치 차 내기

(상대가 잡거나 안았을 때)

01 상대가 잡았을 때에는 왼발을 들어 발끝을 당겨 바깥쪽을 향하게 한다.

02 01의 동작에서 상대의 무릎 아래 안쪽정강이 부위를 뒤꿈치로 안에서 바깥으로 차낸다(상대 안쪽 복숭아뼈 위).

2장

기본낙법

낙법은 상대가 메치거나 자신의 부주의로 인하여 떨어지거나 넘어질 때 안전하게 착지하는 방법으로, 익혀두면 생명을 지킬 수도 있는 가장 중요한 무도 수련 기법 중의 하나인데, 낮은 단계에서부터 점차적으로 수련하는 것이 좋습니다.

 **1) 무릎대고 전방낙법(기초 1단계)**

(앞으로 떨어지거나 넘어질 때 안전하게 착지하는 방법)

01 전방낙법을 처음 익힐 때에는 사진처럼 무릎을 바닥에 대고 손은 이등변삼각형 모양을 만들어 가슴앞에 세우고 준비자세를 한다.

02 사진처럼 엉덩이는 들고 손은 이등변삼각형 모양으로 바닥을 짚고 얼굴은 옆으로 돌린다.

2) 쪼그려앉아서 전방낙법(2단계)

01 무릎대고 전방낙법보다 자세를 조금 높인 쪼그려 앉는 자세를 한다.

02 01의 동작에서 다리를 뒤로 뻗으면서 손은 이등변삼각형 모양으로 바닥을 짚고 얼굴은 옆으로 돌린다.

3) 서서 전방낙법(3단계)

(3단계까지 수련이 되면 양쪽 무릎이 가슴까지 닿도록 점프하여 낙법을 할 수 있도록 수련의 강도를 높여간다)

01 쪼그려앉아서 전방낙법보다 자세를 많이 높인 선 자세를 취한다.

02 앞으로 넘어진다.

03 앞으로 넘어지면서 다리는 넓게 벌리고 엉덩이는 들어올린다.

실용호신술

 ## 4) 앉아서 후방낙법(1단계)

01 두 다리를 앞으로 펴고 손은 이등변삼각형 모양을 하여 가슴앞에 세운 준비자세를 한다.

02 뒤로 넘어가면서 양손을 힘차게 바닥을 친다 (이때 목을 당겨 시선은 배꼽을 보고, 팔은 몸통과 30~40도 되게 한다).

시선 → 배꼽

몸통과 팔의 각도는 30~40°를 유지한다.

5) 쪼그려앉아서 후방낙법(2단계)

(점차적으로 높이를 높여가며 낙법을 수련한다)

01 쪼그려앉아서 전방낙법과 같은 준비자세를 취한다.

02 엉덩이부터 바닥에 닿으면서 뒤로 넘어진다.

03 등이 바닥에 닿기 전에 양손으로 바닥을 친다(이때 목을 당겨 시선은 배꼽을 보고, 팔은 몸통과 30~40도 되게 한다).

시선

배꼽

몸통과 팔의 각도는 30~40°를 유지한다.

6) 서서 후방낙법(3단계)

(3단계 이후 수련은 점프를 하여 높게 후방낙법을 할 수 있도록 수련한다)

01 서서 준비자세를 취한다.

02 손을 몸앞으로 가지런히 내린다.

03 뒤로 넘어지면서 등이 바닥에 닿기 전에 양손으로 바닥을 친다(이때 목을 당겨 시선은 배꼽을 보고, 팔은 몸통과 30~40도 되게 한다).

시선 → 배꼽

몸통과 팔의 각도는 30~40°를 유지한다.

7) 쪼그려앉아서 측방낙법(1단계)

(1단계 이전에 바닥에 누워서 좌·우 측방낙법자세(사진03)를 연습한다)

01 쪼그려앉아 오른팔은 어깨높이로 들고 왼손은 벨트를 잡고 배꼽 위에 놓는다.

02 오른팔과 오른다리가 왼쪽을 향하게 하고 몸은 오른쪽으로 기울인다.

03 몸을 오른쪽으로 기울여 오른쪽으로 넘어지면서 오른손으로 바닥을 친다 (이때 오른다리는 살짝 접어주고, 왼다리는 세워준다).

8) 서서 측방낙방(2단계)

(좌·우 양쪽을 함께 수련하며, 2단계 이후에는 점프를 하여 높이를 조절하여 수련한다)

01 서서 준비자세를 취한다.

02 몸을 기울인다.

03 오른쪽 측방낙법을 한다.

 ## 9) 전방 회전낙법

(전방 회전낙법이 수련되면 공중 회전낙법, 높이·멀리뛰어 사진 03과 같은 자세로 낙법을 펼칠 수 있다 이외에 앞굴러치기와 뒤굴러치기가 있다)

01 왼발과 오른손을 짚고, 그사이에 왼손날이 앞을 향하게 하는 준비자세를 한다.

02 왼팔이 꺾이지 않도록 하여 앞으로 구른다.

03 앞으로 구르면서 오른쪽 측방낙법을 한다.

3장

상대에게 잡힌 손 빼기

1) 손목 바깥쪽을 잡았을 때

01 상대가 왼손으로 오른손목 바깥쪽을 잡으면

02 오른발을 전진하면서 오른손은 손바닥이 아래를 향하도록 돌린다.

03 02의 동작처럼 돌린 다음 힘차게 엄지 손가락방향으로 밀면서 손목을 빼낸다.

 ## 2) 손목 안쪽을 잡았을 때

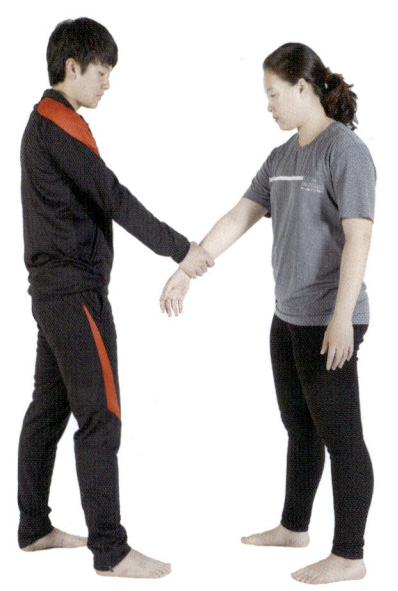

01 상대가 오른손으로 오른손목 안쪽을 잡으면

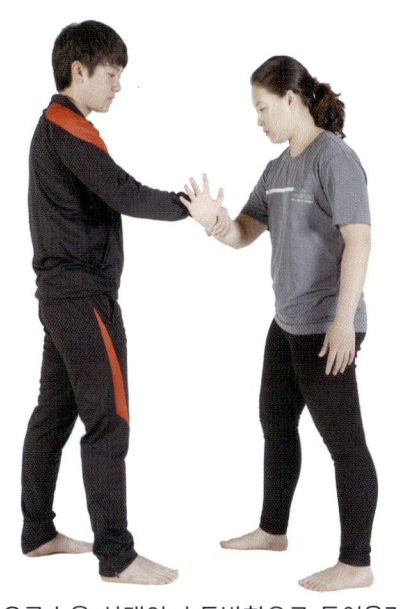

02 오른손을 상대의 손등방향으로 들어올린다.

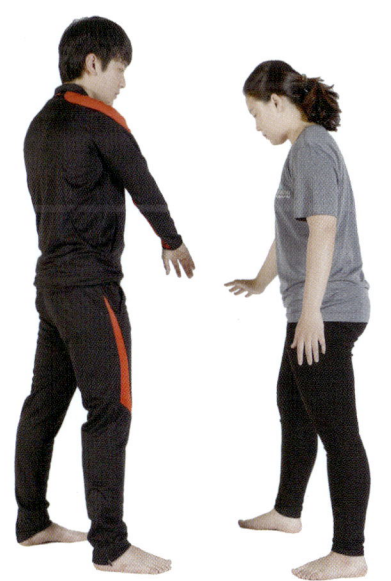

03 들어올린 손날로 상대의 손목을 위에서 아래로 누르듯이 오른쪽으로 뺀다.

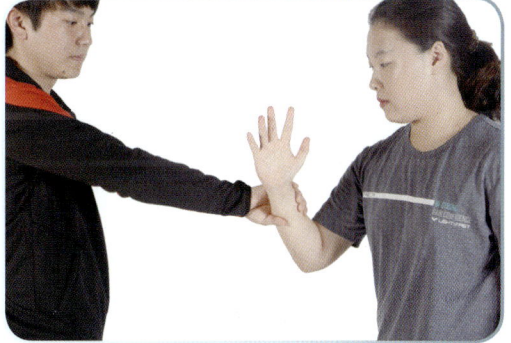

04 손목부위 확대 사진(잡힌 손에 힘을 주어 편다)

3) 두 손으로 한 손목을 잡았을 때

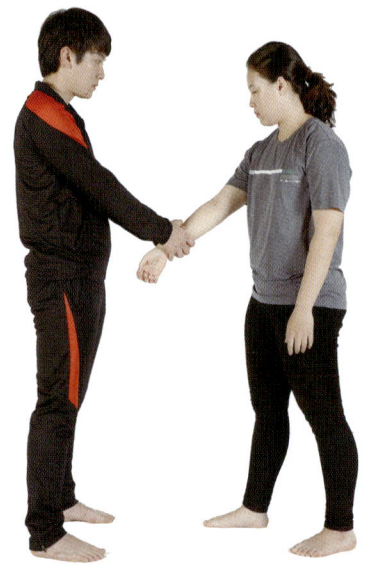

01 상대가 두 손으로 한 손목 잡으면

02 왼발을 전진하면서 왼손으로 잡힌 손을 맞잡는다.

03 앞에 있는 왼발을 뒤로 빼면서 맞잡은 손을 위로 잡아당기면서 빼낸다.

04 잡힌 손을 맞잡아 위로 들어올려 당기는 동작

실용호신술

4) 두 손으로 양손목을 잡았을 때

01 상대가 두 손으로 양손목을 잡으면

02 양손바닥을 모아 위를 향하게 한다.

03 왼발을 뒤로 빼면서 양손을 바깥으로 돌려 상대의 손등끼리 부딪치게 한다.

04 02의 동작을 확대한 사진으로, 상대의 손바닥이 떨어져 있는 동작으로 상대의 힘이 100% 가해지지 않음을 알 수 있다.

4장

주먹으로 복부나 얼굴을 가격할 때 막고 치기

 **1) 상대의 주먹이 복부를 공격할 때-막기 1**

01 상대가 주먹으로 공격하려 할 때

02 왼발은 전진하면서 왼손으로 상대의 팔을 밀어내 막는다.

실용호신술

2) 상대의 주먹이 복부를 공격할 때-막기 2

01 상대가 주먹으로 공격하려 할 때

02 오른발은 전진하면서 왼손을 안에서 밖으로 밀어내 막는다.

 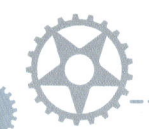

 3) 상대의 주먹이 얼굴을 공격할 때-막기 3

01 상대가 주먹으로 공격하려 할 때

02 왼발은 전진하면서 왼손으로 눌러 막는다 (이때 상대의 안면을 칠 수 있다).

4) 상대의 주먹이 얼굴을 공격할 때-막기 4

01 상대가 주먹으로 공격하려 할 때

02 01의 동작에서 상대가 주먹으로 얼굴을 공격하려 할 때 왼발은 전진하면서 왼손으로 올려막고 오른손으로 상대의 명치를 지른다.

03 01의 동작에서 상대가 주먹으로 얼굴을 공격하려 할 때 오른발은 전진하면서 왼손으로 올려막는다(오른손으로 상대의 명치를 지를 수 있다).

5) 왼팔로 밀어내 막고 치기

01 상대의 주먹이나 단도가 복부를 향해 들어올 때에는 왼발은 바깥쪽 사선으로 전진하면서 상대의 손목을 왼팔로 밀어낸다.

02 01의 동작에서 상대의 손목을 밀어내면서 오른손날로 상대의 손목을 강하게 내리쳐 단도를 떨어뜨린다.

실용호신술 Part 2

6) 복부치기

01 상대가 얼굴을 주먹으로 치려고 할 때

02 왼발은 바깥쪽 사선으로 전진하며 자세를 낮춰 오른손으로 상대의 복부를 가격한다.

7) 눌러막고 앞면치기

01 상대가 얼굴을 주먹으로 치려고 할 때

02 왼발은 바깥쪽 사선으로 전진하며 왼손으로 눌러막는다.

03 02의 동작에서 오른손 역수도로 상대의 안면을 친다.

5장

상대가 주먹 또는 단도로 복부를 공격할 때

1) 안돌아꺾기

(안 : 복부쪽을 의미한다)

01 상대의 주먹이 복부로 들어올 때에는 오른발을 안쪽 사선으로 전진하며 두 손을 모아 상대의 손목을 잡는다.

02 뒤에 있던 왼발을 앞으로 내밀면서 상대의 팔을 밀어올린다.

03 오른쪽으로 돌면서 상대의 손목을 눌러꺾는다.

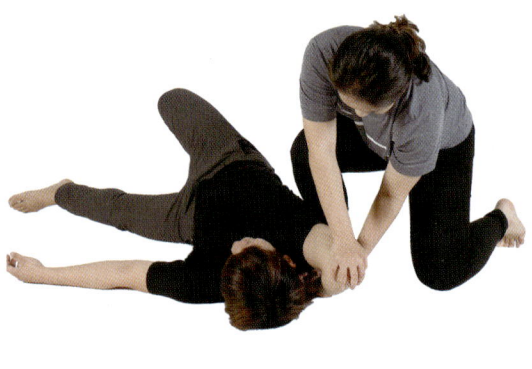

04 상대의 팔을 어깨밑으로 접어서 누른다.

2) 바깥돌아꺾기

(바깥 : 등쪽을 의미한다)

01 상대의 주먹이 복부로 들어올 때에는 왼발을 바깥쪽 사선으로 전진하며 두 손을 모아 상대의 손목을 잡는다.

02 뒤에 있던 오른발을 등 뒤로 180도 회전한다.

03 02의 동작에서 몸통을 90도 돌려 오른발 앞굽이 자세로 상대의 위팔을 오른쪽어깨에 걸친다.

04 03의 동작에서 상대의 팔을 잡아당겨 상대를 뒤로 넘어뜨려 제압한다.

 **3) 겨드랑이껴 눌러 팔꿈치꺾기**

01 상대의 주먹이 복부로 들어올 때에는 오른발을 안쪽 사선으로 전진하면서 양손을 엇걸어 막는다.

02 01의 동작처럼 엇걸어 막은 다음 바깥쪽으로 돌리면서 양손으로 상대의 손목을 잡는다.

03 02의 동작처럼 잡고 왼발을 전진하면서 앞굽이를 취하여 왼겨드랑이에 상대의 팔을 끼고 누른다.

04 03의 동작에서 왼발이 미끄러지면서 앉아 곁누리 자세로 상태를 제압한다.

실용호신술

4) 팔꿈치눌러 꺾기

01 상대의 주먹이 복부로 들어올 때에는 왼발을 바깥쪽 사선으로 전진하며 양손을 모아 상대의 손목을 잡는다.

02 상대의 팔을 오른쪽 옆구리에 대고 왼쪽 팔뚝으로 상대의 팔꿈치 바로 위를 누른다.

03 02의 동작처럼 누를 때에는 원심력과 구심력을 이용하여 오른발을 뒤로 돌린다.

04 상대의 배를 바닥에 닿게 한 다음 기마자세를 취하면서 상대의 팔꿈치를 왼손바닥으로 누른다 (이때 오른손은 오른쪽 대퇴부에 고정시킨다).

 ## 5) 손바닥뒤집어 꺾기 1

01 상대의 주먹이 복부로 들어올 때에는 왼발을 바깥쪽 사선으로 전진하며 왼쪽팔뚝으로 상대의 팔뚝을 막는다.

02 01의 동작처럼 막으면서 왼손과 오른손으로 상대의 손등을 잡아 뒤집고 오른발을 전진하며 누른다.

03 02의 동작에서 오른발 이어걷기로 잡은 손을 눌러 넘어뜨린다.

실용호신술 Part 2

04 사진처럼 넘어진 상대를 살짝 들어올리며 가까이 다가선다.

05 이 동작에서 오른발은 상대의 등에 밀착시키고 왼발은 상대의 얼굴너머로 딛고 뒤로 누우면서 상대의 팔을 가슴쪽으로 당긴다.

06 사진과 같이 뒤로 누우며 가로누어 꺾기를 한다.

 **6) 손바닥뒤집어 꺾기 2**

01 상대의 주먹이 복부로 들어올 때에는 오른발을 안쪽 사선으로 전진하며 오른쪽 팔뚝으로 상대의 팔뚝을 막는다.

02 왼손으로 상대의 손등을 잡고 왼발은 등 뒤로 180도 회전하면서 오른발앞굽이 자세를 취한다.

03 02동작에서 오른발 이어걷기로 전진하면서 상대의 손등을 눌러 꺾어 넘어뜨린다.

실용호신술

04 이 동작에서 왼발을 상대의 얼굴너머를 딛고 뒤로 누우면서 05 동작처럼 가로누워 꺾기를 한다.

05 사진과 같이 뒤로 누우면서 가로누어 꺾기를 한다(이때 엉덩이는 살짝 들어주고 상대의 팔은 가슴쪽으로 당기면서 팔꿈관절을 꺾는다).

7) 팔감아 팔꿈관절꺾기

01 상대의 주먹이 복부로 들어올 때에는 왼발을 바깥쪽 사선으로 전진하며 상대의 손목을 양손을 모아 잡는다.

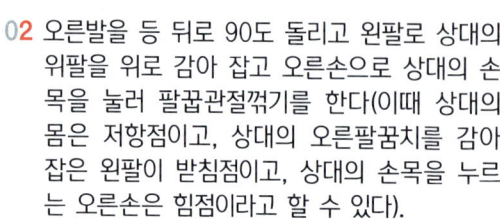

02 오른발을 등 뒤로 90도 돌리고 왼팔로 상대의 위팔을 위로 감아 잡고 오른손으로 상대의 손목을 눌러 팔꿈관절꺾기를 한다(이때 상대의 몸은 저항점이고, 상대의 오른팔꿈치를 감아 잡은 왼팔이 받침점이고, 상대의 손목을 누르는 오른손은 힘점이라고 할 수 있다).

8) 지레의 원리를 이용하여 팔꿈관절꺾기

01 상대의 주먹이 복부로 들어올 때에는 오른발을 안쪽 사선으로 전진하며 양손을 모아 상대의 손목을 잡는다.

02 왼발을 전진하면서 왼팔은 상대의 오른팔을 받치며 왼쪽 어깨를 꼭 잡고, 오른손으로 잡은 상대의 손목을 눌러 꺾는다(이때 받침점이 되는 왼팔은 상대의 팔꿈치 위쪽에 위치하여 상대의 어깨가 빠져 나가지 않도록 견고하게 잡아야 한다).

 ## 9) 손목세워 손목꺾기

01 상대의 주먹이 복부로 들어올 때 왼발을 바깥쪽 사선으로 전진하며 양손을 엇걸어 막는다.

02 엇걸어 막은 손을 바깥으로 돌려 잡는다(이때 상대의 손날이 위쪽으로 향하게 한다).

03 잡은 손을 가슴에 대고, 오른손으로 상대의 손날을 세워누르고, 왼손으로는 상대의 팔꿈치를 잡아 몸쪽으로 당긴다. 이때 왼 앞굽이자세를 취한다.

04 상대의 팔꿈치를 왼손바닥으로 누르고, 오른손은 허벅지에 대서 상대를 제압한다(이때 상체는 세우고 무릎을 굽혀 체중을 이용하여 누르면 효과적이다).

10) 손날비틀어 꺾기

01 상대의 주먹이 복부로 들어올 때에는 왼발을 바깥쪽 사선으로 전진하며 양손을 모아 상대의 손목을 잡는다(이때 왼손은 상대의 손날을 잡고, 오른손은 팔꿈치쪽을 잡는다).

02 01의 동작처럼 오른발은 상대의 겨드랑이 밑으로 전진하면서 왼발은 왼쪽으로 180도 회전한다.

03 왼발로 상대의 오른쪽오금을 걸고, 상대의 손날을 비틀어 잡은 왼손으로 잡아당겨 넘어뜨린다.

04 상대의 팔꿈치를 가슴에 받치고 상대의 손목을 당겨 제압한다(이때 양무릎으로 목과 겨드랑이를 누른다).

6장

주먹으로 얼굴을 공격할 때

1) 안돌아꺾기

(주먹으로 얼굴을 공격할 때 꺾기)

01 주먹으로 얼굴을 공격할 때에는 오른발은 안쪽으로 비스듬이 전진하면서 왼손으로 안에서 바깥쪽으로 올려 막으면서 잡는다.

02 01의 동작에서 왼손을 아래쪽으로 내려 두 손을 모아 잡는다.

03 02의 동작에서 왼발을 앞으로 전진하면서 왼팔로 상대의 팔을 받쳐 밀어 올린다.

04 03의 동작에서 상대의 팔을 당기면서 오른쪽으로 회전한다.

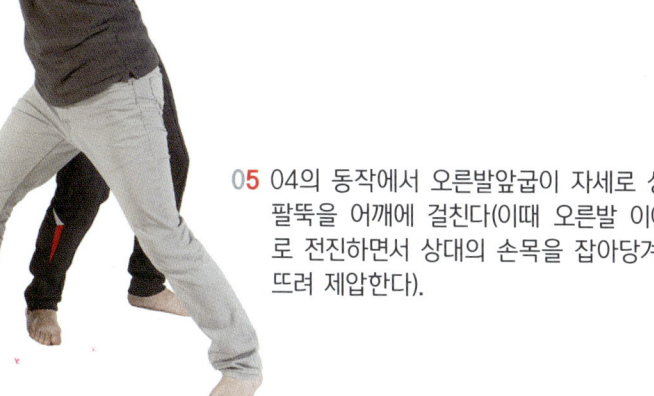

05 04의 동작에서 오른발앞굽이 자세로 상대의 팔뚝을 어깨에 걸친다(이때 오른발 이어걷기로 전진하면서 상대의 손목을 잡아당겨 넘어뜨려 제압한다).

 ## 2) 팔꿈관절꺾기

(주먹으로 얼굴을 공격할 때 꺾기)

01 주먹으로 얼굴을 공격할 때에는 왼발은 바깥쪽으로 비스듬히 전진하면서 양손을 엇걸어 막는다 (이때 오른손이 안쪽으로 가게 한다).

02 01의 동작에서 손을 안쪽으로 내려 오른쪽허리춤에 상대의 손목을 붙인다.

03 02의 동작에서 오른발을 뒤로 회전하면서 왼쪽팔뚝으로 상대의 팔꿈치 바로 위를 강하게 눌러 앞으로 넘어뜨린다(이때 오른손으로 잡은 상대의 손목은 허리춤에 견고하고 붙인다).

04 왼무릎으로 상대의 어깨를 눌러 일어서지 못하게 제압한다.

3) 손날세워 꺾기

(주먹으로 얼굴을 공격할 때 꺾기)

01 주먹으로 얼굴을 공격할 때에는 왼발은 바깥쪽으로 비스듬히 전진하며 오른손을 올려 막고 왼손으로 상대의 손목을 잡는다.

02 01의 동작에서 상대의 손날을 세워 왼쪽가슴 위에 붙인다.

03 02의 동작에서 왼손으로 상대의 팔꿈치 안쪽을 잡아당기며, 오른손으로 상대의 손목을 앞으로 눌러 꺾는다.

실용호신술

 ### 4) 바깥돌아 꺾기

(주먹으로 얼굴을 공격할 때 꺾기)

01 왼발은 바깥쪽으로 비스듬히 전진하면서 왼손을 올려 막아 잡는다.

02 바깥쪽으로 내려 두 손으로 모아 잡는다.

03 02의 동작에서 오른발을 등 뒤로 180도 회전한다.

04 03의 동작에서 몸통을 오른쪽으로 90도 회전하면서 오른발앞꿈이로 상대의 팔뚝을 어깨에 걸친다(이때 오른발 이어걷기로 나가면서 상대의 손목을 잡아당겨 넘어뜨려 제압한다).

5) 팔밀어 팔꿉눌러 꺾기

(주먹으로 얼굴을 공격할 때 꺾기)

01 오른발을 안쪽으로 비스듬히 전진하면서 오른손으로 올려 막고, 왼손으로 상대의 팔꿈치를 잡는다.

02 01의 동작에서 뒤에 있는 왼발을 전진하면서 상대의 팔을 귀쪽에 붙이고 오른발을 전진하면서 밀어낸다.

실용호신술

03 02의 동작에서 오른발을 전진하면서 왼손으로 상대의 팔을 귀쪽으로 밀어 상대가 기울어지면 오른손으로 잡은 상대의 손목을 허리춤에 붙이고 왼팔은 상대의 팔을 눌러 일어서지 못하게 한다.

04 03의 동작에서 왼발을 상대의 겨드랑이 쪽으로 밀고 들어가 넘어뜨린다.

05 사진과 같이 기마자세로 상대의 팔꿈치를 눌러 제압한다.

6) 손바닥비틀어 꺾기
(주먹으로 얼굴을 공격할 때 꺾기)

01 오른발을 안쪽으로 비스듬히 전진하면서 왼손을 올려 막는다.

02 01의 동작에서 손을 바깥쪽으로 내려 상대의 손목을 비틀어 두 손으로 손등을 덮어 잡는다.

03 02의 동작에서 왼발을 뒤로 돌려 상대의 손목을 잡아당겨 넘어뜨린다.

04 03의 동작에서 왼발을 당겨 모아서 오른발·왼발을 상대의 얼굴 너머로 넘기면서 사진처럼 제압한다.

7) 서서 조르기

(주먹으로 얼굴을 공격할 때 조르기)

※ 조르기는 상대의 경(목)동맥을 조르는 동작이다. 이것은 산소공급을 일시적으로 차단시키는 매우 위험한 동작으로 생명과 직결되는 행위이므로 전문가로부터 배우고 익히는게 좋다.

01 오른발을 안쪽으로 비스듬히 전진하면서 왼손을 올려 막는다.

02 01의 동작에서 왼손으로 상대의 오른쪽 옷깃을 잡고, 오른손으로 상대의 왼쪽 옷깃을 잡는다(이때 오른손으로 잡은 옷깃은 상대의 목을 감을 수 있도록 옷깃을 길게 잡는다).

실용호신술 Part 2

03 02의 동작에서 오른손으로 상대의 왼쪽 옷깃을 강하게 아래로 당긴다.

04 03의 동작에서 오른손으로 잡은 상대의 옷깃으로 목을 감아 오른팔뚝으로 목덜미를 강하게 누르며 조른다.

 8) 외십자조르기

(주먹으로 얼굴을 공격할 때 조르기)

01 오른발을 안쪽으로 비스듬히 전진하면서 왼손을 올려 막는다.

02 01의 동작에서 오른손으로 상대의 오른쪽 옷깃을 깊숙히 잡는다(이때 손바닥을 위로 향하게 해서 상대의 뒷덜미쪽으로 깊숙히 넣어 잡는다).

실용호신술

03 02의 동작에서 왼손으로 상대의 왼쪽 옷깃을 잡는다.

04 03의 동작에서 상대를 당기면서 힘껏 조른다.

9) 죽지걸어 조르기

(주먹으로 얼굴을 공격할 때 조르기)

01 왼발을 안쪽으로 비스듬히 전진하면서 오른손을 올려 막는다.

02 오른발을 전진하면서 오른손으로 상대의 왼쪽 옷깃을 잡는다.

03 왼발을 따라 들어가면서 왼손을 상대의 왼팔겨드랑이에 넣어 상대의 목덜미에 밀착시키며, 오른손으로 상대의 옷깃을 강하게 잡아당긴다(이때 조르기는 5초 이상 압박하면 생명이 위험할 수도 있으므로 강약을 조절할 수 있어야 한다)

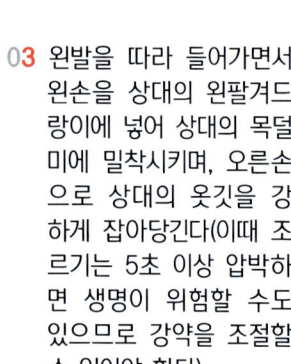

실용호신술

 ## 10) 안뒤축걸어 메치고 발목꺾기

(주먹으로 얼굴을 공격할 때 메치기)

01 오른발을 전진하면서 왼손을 올려 막아 잡고, 오른손으로 상대의 옷깃을 잡는다.

02 오른발바닥으로 상대의 오른발뒤꿈치를 끌어당기면서 상체를 밀어 넘어뜨린다.

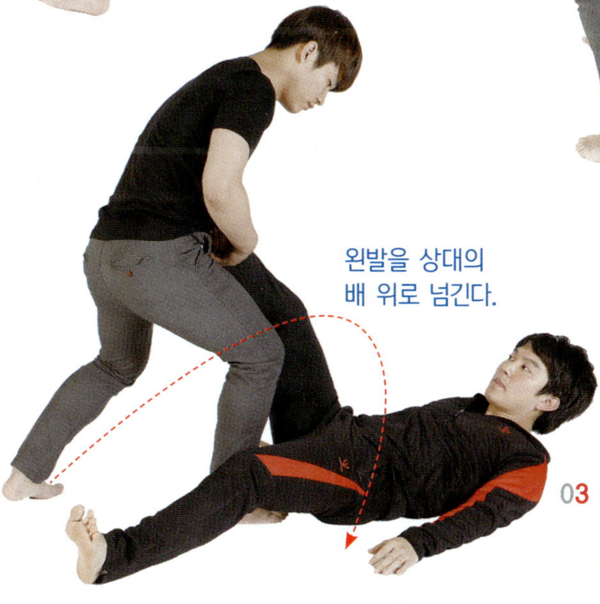

왼발을 상대의 배 위로 넘긴다.

03 왼팔로 상대 오른발목을 감아 잡고 왼발을 안으로 180도 돌려 상대의 허리와 발목을 꺾는다.

11) 바깥다리걸어 메치기

(주먹으로 얼굴을 공격할 때 메치기)

01 왼발을 바깥쪽으로 비스듬히 전진하면서 왼손을 올려 막아 잡는다.

02 오른발을 전진하여 상대의 오른다리를 힘차게 뒤로 후리고, 오른팔로 상대의 목을 감아 민다.

실용호신술 Part 2

03 02의 동작에서 오른발을 걸어 뒤로 후리고 오른팔은 상대의 목을 감아 힘차게 밀어 넘어뜨린다.

04 03의 동작에서 곁누르기자세를 취한 다음 상대의 팔을 오른쪽 대퇴부에 대고 눌러 꺾는다.

12) 호미걸어 메치기
(주먹으로 얼굴을 공격할 때 메치기)

01 오른발을 안쪽으로 비스듬히 전진하면서 왼손을 올려 막는다.

02 01의 동작에서 왼발을 오른발 뒤로 딛는다.

03 02의 동작에서 오른손은 상대의 오른쪽 대퇴부를 잡고, 오른발은 앞으로 비스듬히 미끄러져 들어가면서 어깨는 상대의 가슴을 밀어 넘어뜨린다.

04 오른손바닥을 상대의 대퇴부에 대고 어깨로 강하게 밀어 넘어뜨린다.

13) 한팔업어 메치기

(주먹으로 얼굴을 공격할 때 메치기)

01 오른발을 안쪽으로 비스듬히 전진하면서 왼손을 올려 막는다.

02 01의 동작에서 왼발을 등 뒤로 돌리면서 왼손으로 상대의 손목을 잡아당겨 업는다.

실용호신술

03 업힌 상대를 굽힌 무릎을 펴면서 허리를 숙여 메친다.

04 넘어진 상대를 살짝 들어올려 상대가 옆으로 눕게 한다.

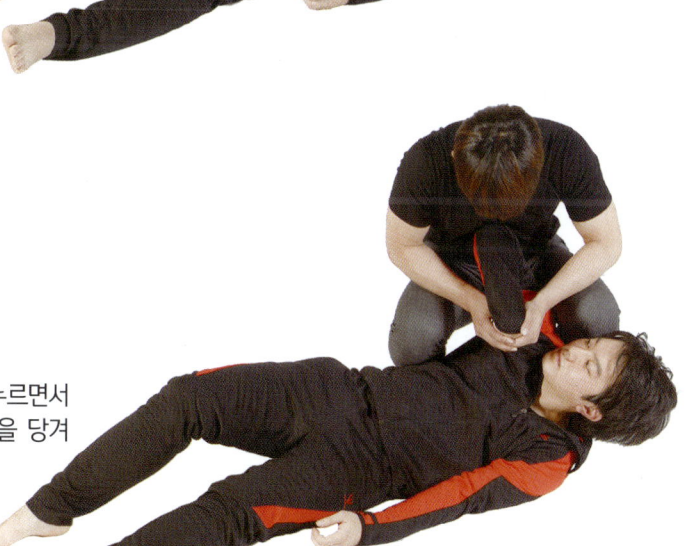

05 무릎으로 상대의 옆구리와 목을 누르면서 상대의 팔꿈치를 가슴에 대고 손목을 당겨 꺾는다.

14) 허리껴 메치기

(주먹으로 얼굴을 공격할 때 메치기)

01 오른발을 안쪽으로 비스듬히 전진하면서 왼손을 올려 막는다.

02 01의 동작에서 왼발을 등 뒤로 돌리면서 왼손으로 상대의 손목을 잡아당기며, 오른손은 상대의 허리에서 대각선상의 겨드랑이쪽으로 낀다.

실용호신술

03 굽힌 무릎은 펴면서 왼손을 당겨 메친다.

04 넘어진 상대의 얼굴너머로 왼발을 넘겨 뒤로 넘어뜨린다.

05 두 손으로 상대의 손목을 가슴쪽으로 당겨 가로누워꺾기를 한다 (이때 엉덩이는 들어준다).

15) 허리후려 메치기

(주먹으로 얼굴을 공격할 때 메치기)

01 왼발은 앞으로 내밀면서 왼손을 올려 막으며 상대의 손목을 잡는다.

02 01의 동작에서 오른발을 전진하면서 오른손으로 상대의 목을 감싸 잡는다.

실용호신술

03 02의 동작에서 왼발을 등 뒤로 돌리면서 상대를 당겨 기울인다.

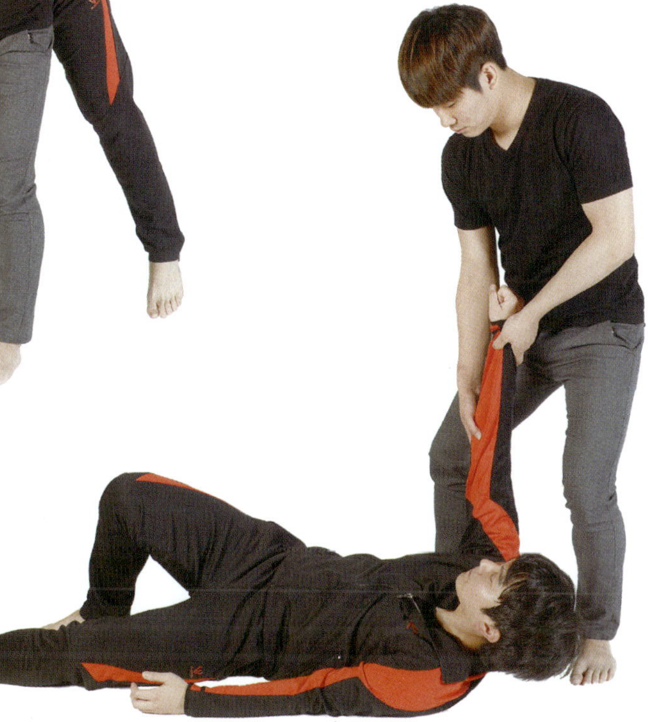

04 03의 동작에서 왼손은 당기고, 오른다리는 상대의 오른다리를 후려 메친다.

05 상대의 팔꿈치를 가슴에 대고 양무릎으로 상대의 옆구리와 목을 누르면서 손목을 꺾는다.

16) 허벅다리걸어 메치기

(주먹으로 얼굴을 공격할 때 메치기)

01 왼손을 올려 막으면서 상대의 손목을 잡는다.

02 오른발을 안쪽으로 전진하면서 오른팔로 상대의 목을 감아 당긴다.

실용호신술

03 02의 동작에서 왼쪽으로 돌면서 상대를 끌어 당긴다.

04 03의 동작에서 상대를 끌어당기면서 오른다리는 상대의 대퇴부안쪽을 밀어 올려 메친다.

05 상대의 팔꿈치를 가슴에 대고 양무릎으로 상대의 옆구리와 목을 누르면서 손목을 꺾는다.

17) 목감아 메치기

(주먹으로 얼굴을 공격할 때 메치기)

01 왼손을 올려 막으면서 상대의 손목을 잡는다.

02 오른발을 안쪽으로 전진하면서 오른팔로 상대의 목을 감아 당긴다.

03 오른무릎을 펴면서 왼쪽 엄지발가락을 바라보며 오른팔로 상대의 목을 당기면서 몸통을 감아 앞으로 메친다.

04 곁누르기자세에서 상대의 팔을 오른쪽 대퇴부에 대고 눌러 꺾는다.

18) 발목받쳐 메치기

(주먹으로 얼굴을 공격할 때 메치기)

01 왼른발이 비스듬히 전진하면서 왼손을 올려 막으며 상대의 손목을 잡는다.

02 왼손으로 상대의 손목을 당기면서 왼발바닥으로 상대의 오른발목을 받쳐 걸어 메친다.

03 왼손으로 넘어진 상대를 살짝 끌어 당긴다.

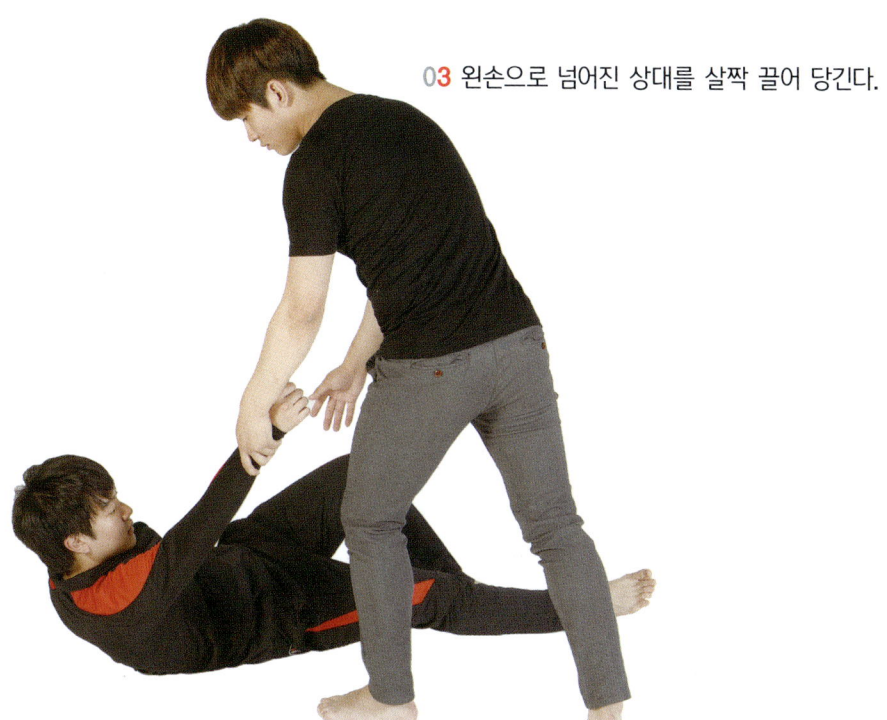

04 두 손으로 상대의 손목을 가슴쪽으로 당기면서 가로누워꺾기를 한다(이때 엉덩이는 들어준다).

19) 배대뒤집기
(주먹으로 얼굴을 공격할 때 메치기)

01 오른발은 전진하면서 왼손을 올려 막아 잡는다.

02 왼발을 상대의 오른발안쪽을 딛고, 오른손으로 상대의 왼쪽 옷깃을 잡는다.

실용호신술

03 뒤로 누우면서 오른발바닥을 상대의 배에 대고 상대를 당겨 메친다.

04 상대의 팔을 잡고 굴러서 넘어간다.

05 곁누리기자세에서 오른팔꿈치로 상대의 명치를 강하게 누른다.

7장

돌려차기로 공격할 때

1) 하단돌려차기

01 상대가 돌려차기로 공격할 때에는 오른발은 전진하면서 왼손은 아래서 위로, 오른손은 위에서 아래로 상대의 다리를 감싸잡는다.

02 01의 동작에서 왼발로 상대의 종아리나 대퇴부 안쪽을 찬다.

 2) 팔꿈치로 대퇴부찍기

01 상대가 돌려차기로 공격할 때에는 오른발은 전진하면서 왼손은 아래서 위로, 오른손은 위에서 아래로 상대의 다리를 감싸잡는다.

02 01의 동작에서 오른팔꿈치로 상대의 대퇴부를 내려 찍는다.

3) 무릎차기

01 상대가 돌려차기로 공격할 때에는 오른발은 전진하며 왼손은 아래서 위로, 오른손은 위에서 아래로 상대의 다리를 감싸잡는다.

02 01의 동작에서 뒷다리를 끌어올려 무릎으로 상대의 대퇴부 안쪽을 찬다.

4) 무릎관절 4자 꺾기

01 상대가 돌려차기로 공격할 때에는 오른발은 전진하면서 왼손은 아래서 위로, 오른손은 위에서 아래로 상대의 다리를 감싸잡는다.

02 01의 동작에서 앞에 있는 오른발을 뒤로 빼면서 오른손으로 상대의 오금을 잡아당겨 넘어뜨린다.

03 02의 동작에서 오른다리를 상대의 오금에 끼우고 상대의 발목은 가슴에 대고 상체를 앞으로 숙여 상대의 무릎관절을 꺾는다.

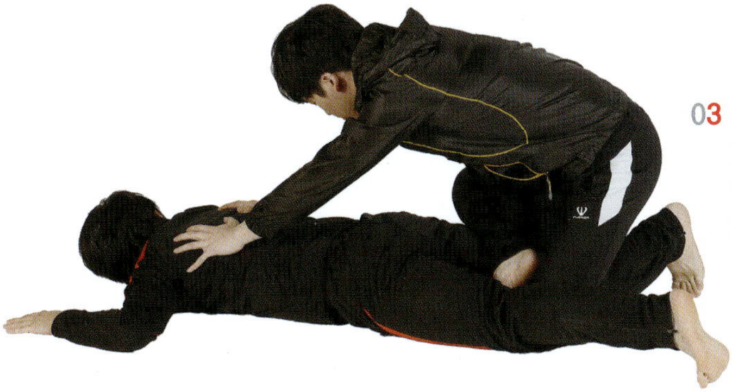

5) 발목꺾기

01 상대가 돌려차기로 공격할 때에는 오른발은 전진하면서 왼손은 아래서 위로, 오른손은 위에서 아래로 상대의 다리를 감싸잡는다.

02 01의 동작에서 안다리를 걸어 메친다.

실용호신술

03 왼손으로 상대의 발목을 감싸잡는다.

04 오른발바닥은 상대의 허벅지에 대고 왼발 바닥은 상대의 옆구리에 대고 상체를 뒤로 누워 상대의 발목을 꺾는다.

8장

상대방이 손목 바깥쪽을 잡았을 때

1) 손아귀로 상대의 목치기

01 상대가 손목 바깥쪽을 잡았을 때

02 왼발은 전진하면서 잡힌 손목은 뒤로 당겨 왼손아귀로 끌려오는 상대의 목을 친다.

실용호신술

 ## 2) 팔꿈치로 명치를 쳐 올리기

01 상대가 손목 바깥쪽을 잡았을 때

02 왼발은 전진하면서 잡힌 손목을 안쪽으로 틀어 밑으로 뺀다.

03 02의 동작에서 팔꿈치를 치켜 올려 상대의 명치를 친다.

3) 무릎으로 복부를 찬다

01 상대가 손목 바깥쪽을 잡았을 때

02 오른발은 전진하면서 왼손으로 상대의 목덜미를 잡는다.

03 02의 동작에서 무릎으로 상대의 음낭이나 복부를 찬다(이때 왼손으로 상대의 목덜미를 힘껏 당기면서 무릎으로 찬다).

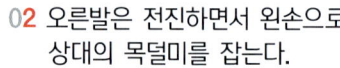

실용호신술 Part 2

4) 겨드랑이 껴 꺾기

01 상대가 손목 바깥쪽을 잡았을 때에는 오른발을 굽히고 왼손으로 상대의 손목을 잡는다.

02 01의 동작에서 바깥쪽으로 돌려 잡는다.

03 02의 동작에서 상대의 팔꿈치를 겨드랑이에 끼고 눌러 꺾는다.

5) 손날세워 손목꺾기

01 상대가 손목 바깥쪽을 잡았을 때

02 왼손으로 상대의 손날을 잡고 오른발은 오른쪽 사선으로 전진하면서 상대의 손을 바깥으로 돌려올린다.

03 오른손목으로 상대의 엄지손가락을 밀어꺾는다.

04 왼손으로는 상대의 손목을 세워서 누르고, 오른손으로는 상대의 팔꿈치를 당긴다.

05 04의 동작에서 상대의 팔꿈치 안쪽을 잡아 당겨 제압한다.

 **6) 바깥다리걸어 메치기**

01 상대가 손목 바깥쪽을 잡았을 때

02 오른발은 전진하면서 오른손을 들어올린다.

실용호신술

03 왼발로 상대의 다리를 걸고 왼손으로 목을 감아 민다.

04 03의 동작에서 힘껏 밀어 넘어뜨린다.

9장

상대방에게 잡혔을 때

1) 손목 바깥쪽을 잡았을 때-손목 안으로 틀어 꺾기

01 상대가 손목 바깥쪽을 잡았을 때

02 오른발은 전진하면서 왼손은 상대의 손등을 감싸 잡는다. 이때 잡힌 손목은 손바닥이 위로 가게 올린다.

실용호신술

03 잡힌 손목을 밖에서 안으로 밀어올린다 (이때 오른손목으로 밀어 올리면서 왼팔은 몸통에 견고하게 붙인다).

04 03의 동작에서 상대의 손목을 밀어 올려 꺾어 넘어뜨린다.

05 상대의 손목을 왼손으로 눌러꺾는다.

2) 팔꿈치 바깥쪽을 잡았을 때-손목세워 꺾기

01 상대가 팔꿈치 바깥쪽을 잡았을 때

02 왼손으로 상대의 손등을 잡는다.

실용호신술

03 오른팔을 올려 상대의 손목 위에 걸쳐놓는다.

04 03의 동작에서 오른발 앞굽이로 전진하면서
오른팔로 상대의 손목을 눌러꺾는다.

3) 어깨 바깥쪽을 잡았을 때-손목세워 꺾기

01 상대가 어깨 바깥쪽을 잡았을 때

02 왼손으로 상대의 손등을 잡고 오른손을 올려 상대의 손목 위에 걸친다.

03 02의 동작에서 오른발 앞굽이로 전진하면서 오른팔로 상대의 손목을 눌러꺾는다.

실용호신술

4) 뒷덜미를 잡았을 때-허리꺾기

01 상대가 뒷덜미를 잡았을 때

02 오른발은 전진하면서 오른손은 상대의 허리를 받치고, 왼손으로 턱을 밀어 허리를 꺾는다(이때 뒷발로 상대의 음낭을 무릎차기할 수 있다).

5) 멱살을 잡았을 때-멱살뿌리치기

01 상대가 양손으로 멱살을 잡았을 때에는 왼손을 위에서 아래로 끼우고 오른손으로 맞잡는다.

02 01의 동작에서 왼발이 뒤로 회전하며 맞잡은 팔을 위로 힘껏 뿌리쳐 뺀다.

6) 멱살을 잡았을 때-겨드랑이껴 눌러 꺾기

01 상대가 멱살을 잡았을 때

02 두 손으로 상대의 손목을 꽉잡는다.

03 02의 동작에서 오른발을 뒤로 회전하면서 상대의 팔꿈치를 겨드랑이에 껴 눌러 꺾는다(이때 무릎으로 안면을 차거나, 상대를 눌러 넘어뜨려 곁누르기자세로 제압할 수 있다).

7) 멱살을 틀어 올려 잡았을 때

01 상대가 양손으로 멱살을 치켜 올려 잡았을 때

02 양쪽 엄지손가락을 상대의 손등에 대고 잡아 가슴에 밀착시킨다.

03 02의 동작에서 오른발은 왼쪽앞으로 전진하고 왼발은 뒤로 돌리면서 상대의 손목을 비틀어 눌러꺾는다(이때 상대의 손등이 가슴에 밀착되도록 한다).

8) 벨트 위로 잡았을 때-손날세워 꺾기

01 상대가 벨트나 허리춤을 잡았을 때

02 왼손은 상대의 손등을 잡고 오른손은 상대의 손목을 잡는다.

03 손날세워꺾기로 상대를 제압한다 (이때 상대가 밀면 왼발을 뒤로 빼면서 상대쪽으로 당기며 오른발은 전진한다).

9) 상대가 뒤에서 뒷덜미를 잡았을 때 -팔꿈관절꺾기

01 상대가 뒤에서 뒷덜미를 잡았을 때

02 오른발을 뒤로 돌리면서 상대의 팔꿈치를 양손으로 포개잡는다.

03 02의 동작에서 왼발을 뒤로 돌려 앉으면서 상대의 팔꿈치를 잡아당겨 상대를 넘어뜨려 제압한다.

실용호신술

10) 뒤에서 양쪽 팔꿈치를 잡았을 때

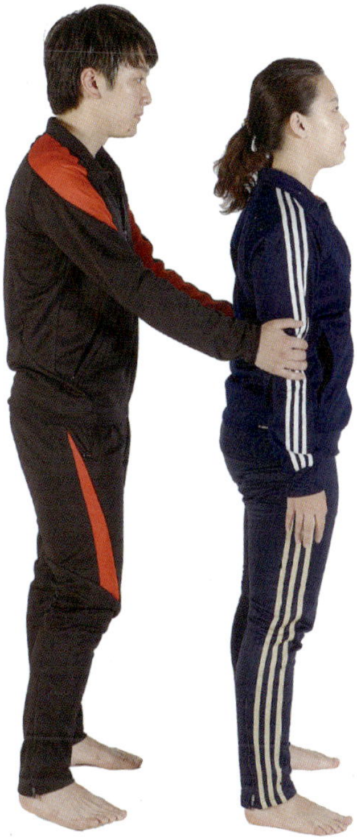

01 뒤에서 양쪽 팔꿈치 잡았을 때

02 오른발은 상대의 발 뒤를 걸고 어깨로 상대의 몸을 밀면서 양손으로 상대의 양무릎을 잡아 올린다.

03 두 다리를 들어 넘어뜨린다.

 **11) 뒤에서 양쪽 어깨를 잡았을 때**

01 상대가 뒤에서 양쪽 어깨를 잡았을 때

02 오른발을 뒤로 돌리면서 오른팔꿈치로 상대의 명치를 친다.

실용호신술 Part 2

03 왼손으로 상대의 손등을 잡아 비틀어 눌러 꺾는다.

04 상대의 팔을 어깨밑으로 밀어 넣어 제압한다.

12) 뒤에서 양쪽 손목을 잡았을 때

01 상대가 뒤에서 양쪽 손목을 잡았을 때

02 왼발은 뒤로 나가면서 잡힌 양손을 음낭앞으로 모으고 상대의 손가락을 오른손으로 잡는다.

실용호신술

03 왼발을 내밀면서 오른손으로 잡은 손을 들어올리고 왼손은 받쳐준다.

04 오른쪽으로 돌아서서 오른손으로 상대의 손가락을 꺾어누른다.

05 상대가 주저앉도록 손가락을 눌러 꺾는다(이때 상대가 저항하려 하면 무릎으로 안면을 가격할 수 있다).

13) 손목을 엇갈려 잡았을 때
-팔꿈치로 상대의 옆구리치기

01 상대가 앞에서 손목을 엇갈려 잡았을 때

02 왼손으로 상대의 손등을 잡는다.

실용호신술

03 오른발은 전진하면서 잡힌 손을 안으로 틀어 밑으로 뺀다.

04 오른팔꿈치로 상대의 옆구리를 친다.

14) 양손으로 앞에서 한 손목을 잡았을 때
-안돌아꺾기

01 상대가 두 손으로 양쪽 손목을 잡았을 때

02 오른발을 오른쪽앞으로 전진하면서 왼손으로 상대의 오른손목을 잡는다.

실용호신술 Part 2

03 왼발 앞굽이자세로 전진하면서 왼팔로는 상대의 오른팔을 받쳐 밀어올린다.

04 오른쪽으로 180도 회전하면서 상대의 손목을 잡아당겨 상대의 위팔을 오른쪽 어깨에 걸친다 (이때 중심은 단전에 두고 상대가 저항하면 오른 발을 내밀면서 손목을 당겨 넘어뜨린다).

10장

상대가 칼로 배를 찌르려 할 때

 **1) 바깥다리걸어 메치기**

01 상대가 칼로 배를 찌르려 할 때

02 왼발은 바깥쪽 사선으로 전진하면서 양손으로 상대의 손목을 잡는다.

실용호신술 Part 2

03 오른손으로 어깨를 밀면서 오른다리로 상대를 걸어 넘어뜨린다.

04 곁누르기자세에서 오른쪽 대퇴부에 상대의 팔꿈치를 올려놓고 손목을 눌러 팔꿉관절을 꺾는다.

2) 호미걸어 메치기

01 상대가 칼로 배를 찌르려 할 때

02 오른발은 사선으로 전진하면서 양손을 모아 상대의 손목을 잡는다.

실용호신술

03 왼발은 오른발 뒤에 붙인다.

04 오른손바닥은 상대의 대퇴부에 대고 어깨로 상대의 가슴을 밀면서 오른발은 앞으로 미끄러지듯 들어간다.

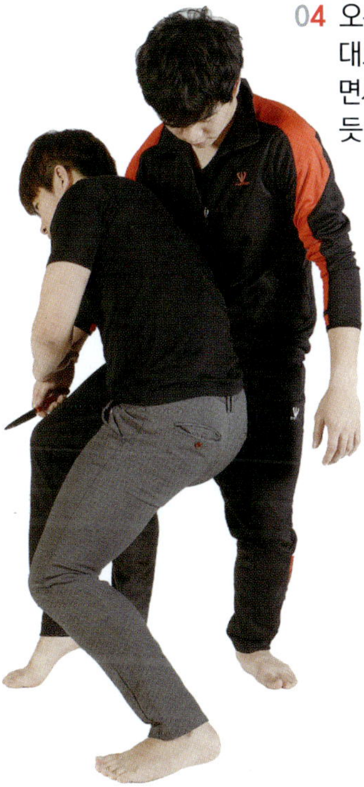

05 호미걸이기술로 상대를 넘어뜨린다.

3) 허리껴 메치기

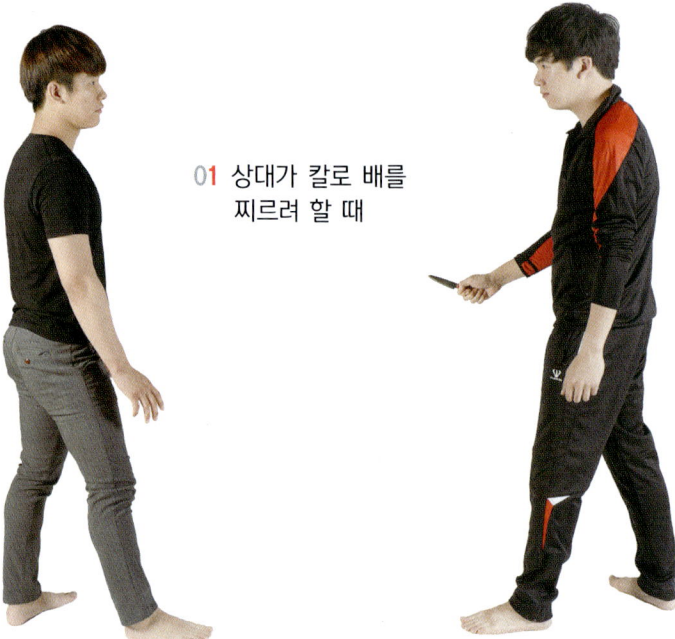

01 상대가 칼로 배를 찌르려 할 때

02 오른발은 전진하면서 양손을 모아 상대의 손목을 잡는다.

실용호신술 Part 2

03 왼발을 뒤로 돌리면서 왼손으로 상대의 팔을 당기며 오른손은 상대의 등 뒤에서 허리를 낀다.

04 굽힌 무릎을 펴면서 허리는 왼쪽으로 숙이면서 메친다.

05 왼손으로 상대의 옷깃을 잡아 상체를 뒤로 눕히면서 옷깃을 당겨 조르기로 제압한다.

175

4) 어깨걸어 메치기

01 상대가 칼로 배를 찌르려 할 때

02 오른발은 전진하면서 양손을 모아 상대의 손목을 잡는다.

03 오른발은 전진하면서 왼손으로 잡은 상대의 손목을 당겨 상대의 옆구리가 어깨에 걸리게 한다(이때 자세는 무릎을 굽혀 낮추고 허리는 앞으로 굽혀지지 않게 유의한다).

실용호신술

04 03의 동작에서 왼발을 오른발쪽으로 당기면서 상대를 어깨에 걸고 일어선다.

05 04의 동작에서 왼쪽으로 몸을 기울이면서 상대를 메친다.

06 05의 동작에서 오른발, 왼발을 상대의 얼굴 앞으로 넘겨 사진과 같은 자세로 상대의 팔꿈 관절을 눌러 꺾어 제압한다.

 ## 5) 한팔 업어 메치기

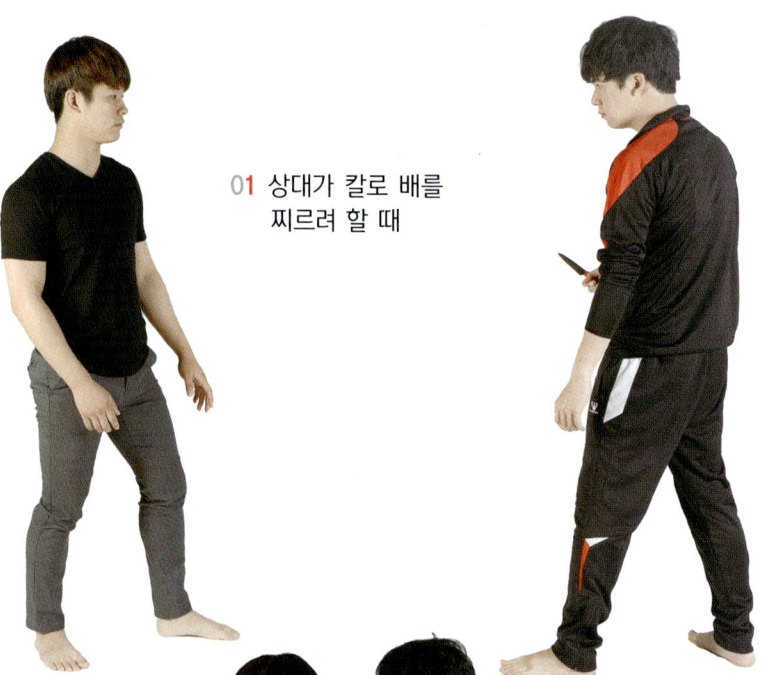

01 상대가 칼로 배를 찌르려 할 때

02 오른발은 전진하면서 양손을 모아 상대의 손목을 잡는다.

실용호신술 Part 2

03 왼발은 뒤로 돌리고 왼손은 당겨 상대가 업히도록 한다.

04 03의 동작에서 다리를 펴면서 허리를 숙여 상대를 앞으로 떨어 뜨린다.

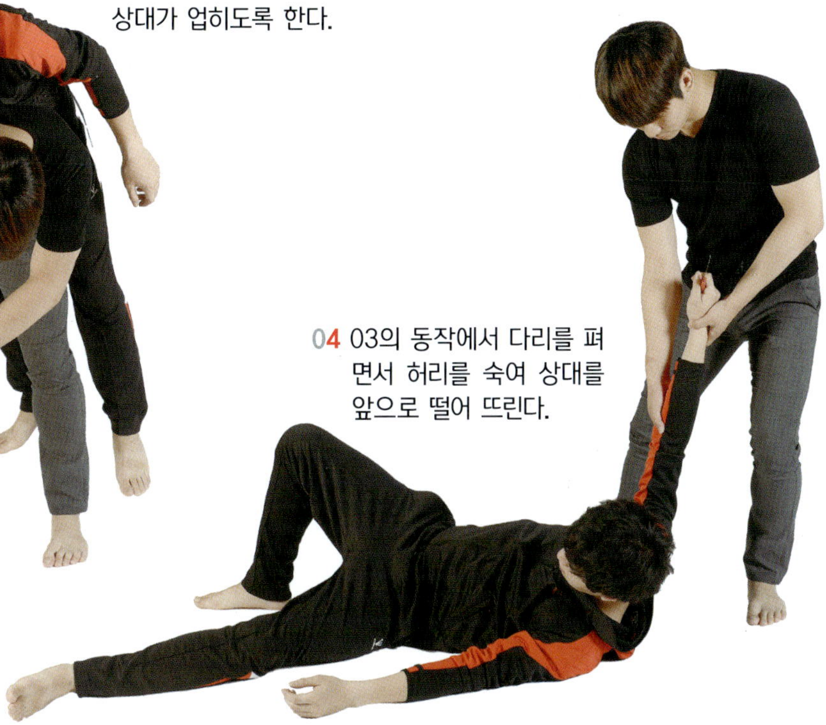

05 04의 동작에서 오른발, 왼발을 상대의 얼굴 앞으로 넘겨 상대의 팔꿈관절을 눌러 꺾어 제압한다(이때 허리는 세우고, 무릎을 굽혀 체중을 실어 상대의 팔꿈치가 꺾이도록 한다).

179

조충환 · 양건. 스파형법. 박문각.

신호진. 마스터형법판례. 문형사.

경찰청. 폭력사건정당방위매뉴얼.

경찰청. 아동학대유형별 대응매뉴얼.

청소년폭력예방재단. 학교폭력예방교육사 3급.

김의영. 호신술교본-초급편. 도서출판 홍경

반종진. 종합실용호신술 성폭력예방과 퇴치법. 동국대학교 출판부

유도학과 공저. 무도시리즈-유도. 용인대학교 무도연구소. 도서출판 홍경

동양무예학과 공저. 무도시리즈-용무도. 용인대학교 무도연구소. 도서출판 홍경

동양무예학과 공저. 무도시리즈-검도. 용인대학교 무도연구소. 도서출판 홍경

태권도학과 공저. 무도시리즈-태권도. 용인대학교 무도연구소. 도서출판 홍경

저/자/소/개

정균근

용인대학교 졸업(체육학사)
용인대학교 교육대학원 졸업(교육학석사)
선문대학교 일반대학원 박사과정졸업(체육학박사)
선문대 무도경찰경호학부 출강
백석문화대학교 경찰경호학부 출강
가천대학교 건강관리학과 출강
세종대학교 체육학과 출강(현재)
서울지방경찰청 무도지도위원(현재)
대한용무도협회 연구위원장(현재)
아시아체육교류연맹 위원장(현재)
한국·미얀마 친선협회 사무국장(현재)
용인대동문 박사체육관(목동관)관장(현재)
체육2급 정교사
생활체육(보디빌딩, 권투, 태권도, 유도)지도자
대한용무도협회 7단, 대한합기도협회 7단

재모(載謨) 김한중

연세대학교 법무대학원 졸업(법학석사)
연세대학교 법무대학원 제26대 총원우회 사무총장
연세대학교 법무대학원장 공로패 수상(2012년)
연세대학교 대학원연합회 운영위원(2011년)
연세대학교 대학원연합회 제15대 상임운영위원
용인대동문 박사체육관 유단자회 회장(2015년)
현 서울지방경찰청 제1기동단 경찰12기동대 부팀장

(상훈)
2013. 8. 30. 살인사건 피의자검거 강서경찰서장 표창수상
2013. 10. 21 경찰의 날 서울지방경찰청장 표창수상
2014. 9. 2. 마약류투약자 검거 강서경찰서장 표창수상 외 다수수상

저/자/소/개

조봉오

(전) 국민건강보험공단 근무
(전) 광명시육상연맹연합회 부회장, 국민건강보험공단마라톤동호회장
(전) 광명구름산마라톤회장, 사회보장정보원마라톤동호회장
광명시육상연맹연합회 감사, 서울특별시국무도연합회 부회장
IMS(정보화경영체제) 심사원, 사회복지사, 전문운동지도사
정보통신석사, 운동처방석사, 체육학박사(운동생리학)
한국운동생리학회 홍보이사 겸 감사(현재)
한국체육학회 운동생리학분과 논문 심사위원(현재)
서울특별시 기초보장제도 자문위원(현재)
사회보장정보원 근무(현재)

최수호

가천대학교 졸업 체육학사
가천대학교 특수치료대학원 석사과정(현재)
대한용무도협회 지도자자격 취득
대한합기도협회 사범자격 취득
대한용무도협회 5단
대한합기도협회 5단
용인대 동문 박사체육관 지도사범(현재)
한국-미얀마 친선협회 사무차장(현재)
아시아체육교류연맹 무도 시범단장(현재)
거산CM 대표이사(현재)

실용호신술 모델 명단
김유미, 신중현, 정광균, 정재섭, 임수훈

감/수

김정호

한양대학교 졸업(문학사) 동 대학원 졸업(교육학석사)
강원대학교 졸업(법학사) 동 대학원 졸업(행정학석사)
세종대학교 대학원 박사과정 졸업(교육학박사)
성균관대학교 대학원 박사과정 졸업(철학박사)
한국녹색운동본부 회장, 총재
아시아 용무도연맹 회장, 총재
아시아 체육교류연맹 총재(현재)
한국 · 미얀마 친선협회 회장(현재)
한국 · 팔라우 친선협회 회장(현재)
팔라우공화국 명예대사(현재)
한 · 중 문화예술교류협회 이사장(현재)
한국방송통신대학교 교수
용인대학교 교수
국제문화대학원대학교 학장, 부총장
슈바외국어대학교 총장
국제신학대학원대학교 초빙교수, 부총장(현재)

자/문/인

김기환

용인대학교 태권도학과 졸업(체육학사)
용인대학교 교육대학원 졸업(교육학 석사)
용인대학교 대표 시범단 활동/ 국내외 100여 회 다수 시범
(현) 서울 실용음악고등학교 체육교사
    국제태권도연맹 대한민국협회 겨루기 국가대표 코치
    국제태권도연맹 공인 국제심판
    국기원 심사 평가위원
    서초경찰서 무도지도위원, TIA 태권도시범단 감독 역임
    2014 ITF 세계태권도선수권대회 이탈리아 로마 국가대표 선수 및 코치
    2015 ITF 아시아태권도선수권대회 우즈베키스탄 국가대표(겨루기) 코치
    국제태권도연맹 서울시협회 전무이사

(자격사항)
태권도2급사범자격 취득, 대한유도회 사범자격 취득
생활체육지도자(태권도, 보디빌딩)
중등교육(체육1급) 정교사
태권도 7단, 유도 4단, 합기도 5단, 용무도 4단